いちばんシンプルな「片づけ」のルール

家じゅうの「めんどくさい」をなくす。

家族の片づけコンサルタント sea（レー）

ヤモンド社

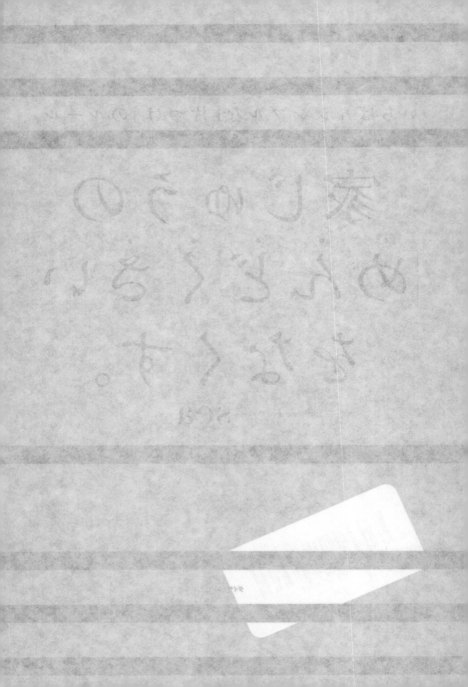

いちばんシンプルな「片づけ」のルール

家じゅうの「めんどくさい」をなくす。

この本では、最初から最後まで、
たったひとつのことしか言いません。

家じゅうの「めんどくさい」をなくしましょう。

これだけです。

これだけで、
散らかっていた部屋が片づき、
朝の身支度もスムーズになって、
家事の手間がうんと減り、

年中片づけに追われる生活から抜け出せます。
「そんな都合のいい話があるものか」って？
「ある」と言いたいので、この本を書きました。

家って、気を抜くとすぐに散らかるものだと思っていませんか？
自分の頑張りが足りないから、
だらしないから片づかないと思ってはいませんか？

違います。

家が散らかる原因は、ただひとつ。
「めんどくさい」と感じるしくみが、
家じゅうに存在しているからです。

書類や文具、スマホ用ケーブルから小銭まで、
あらゆるモノの吹きだまりになっているダイニングテーブル。

山積みになった洗濯物や出しっぱなしのおもちゃなど、
余計なものばかりが目に入り、まるでくつろげないリビング。

これらはみんな、「めんどくさい」が引き起こした結果です。

「いや、片づけるのがめんどくさいから部屋が散らかるなんて、当たり前では……？」
もしかしたら、あなたはそう思ったかもしれません。
ここに、片づけの大きな誤解があります。

「めんどくさくて片づけなかったから、散らかった」
のではありません。

実は、ほとんどの方は、自分の家のどこに
「めんどくさい」がひそんでいるかを自覚できていないのです。

だからいざ、「片づけよう！」と思い立って
とりあえずモノを捨ててみたり、
とにかく棚にしまってみたりしても、
「原因」が解決していないので、当然、すぐに混沌《こんとん》に逆戻り。
片づけても片づけてもスッキリしない、リバウンドのループに陥ります。

「めんどくさい」は、片づけの最強の敵なのです。
では、最強の敵にどう立ち向かえばいいのでしょう？

答えはかんたん。
「めんどくさい」を見つけて、なくしてしまえばいいのです。

突然ですが、クマのキャラクターって、この世にたくさんいますよね。
一度にいろいろ見せられて
「この中からクマ五郎を探してください！」と言われても、
そんな知らないキャラクター、見つけられるはずもありません。

けれど、「太まゆでリボンをつけているクマが〝クマ五郎〟です」
と特徴を伝えられれば、クマ五郎はすぐに見つかるはずです。

「めんどくさい」も、クマ五郎と同じです。
特徴がわからないと見つけられません。
逆に、一度特徴さえわかれば、
いつ、いかなるときに出現しても、見つけられます。

見つけてしまえば、こっちのもの。
シンプルな解決策で、二度と現れないようにできます。

原因そのものがなくなるので、リバウンドもしません。

無意識に感じていた「めんどくさいな～」という気持ちから解放されるので、
その日から当たり前のように片づけられるようになります。
家事のストレスもぐんと減り、ひとつひとつの行動がラクになるでしょう。

しかも、それだけではありません。
「地道な努力も、習慣づけも必要なかった！」
「私らしいまま、快適に暮らせるようになった！」という実感は、
仕事や趣味、そしてあなたの人生全体に自信を与えてくれるはずです。

これが、「めんどくさい」をなくす効果です。

諸悪の根源「めんどくさい」の支配から抜け出したあなたの家を、
どうか今すぐ取り戻してください。

はじめに

私は片づけのプロとして、20年以上、のべ６０００軒もの家に伺ってきました。

今は「タスカジ」という家事代行マッチングサービスを通じて依頼を受け、１回３時間の片づけサービスを提供しています。

「リバウンドしない」「来てもらったその日から散らからなくなった」「家族に優しくできるようになった」と口コミで評判を広げていただいたおかげで、「ｓｅａ《しー》さんにお願いすればうまくいく気がして……」とご指名を受けることも多いです。

ありがたいことに、今では新規の予約をなかなかお受けできないほどたくさんのご依頼をいただくようになり「予約の取れない家政婦」なんて呼ばれることもあります。

これまで、さまざまな家でお仕事をさせていただきました。こぢんまりした団地の一室から高級マンション、お城のような一軒家まで。当然、そこに暮らす依頼者さまもさまざまです。

しかし、ほとんどの依頼者さまに共通することがあります。

「はじめまして」の次の瞬間、謝罪が始まるのです。

「すみません、本当に散らかってて……」

「ぐちゃぐちゃで申し訳ないんですけど……」

それから、こんな言葉が続きます。

「私って、本当に片づけられない人間なんです」

「片づけなきゃいけないって思うんですけど、余裕がなくて……」

「だらしないって、家族にも叱られます」

初対面の人間にプライベートな空間を見せるため、恐縮されている面もあるのでしょう。けれど、儀礼的な謝罪をこえて、みなさん小さくなっておられます。

お話を伺うと、普段から「片づかないのは自分のせい」「努力が足りないからだ」と自分を責めている方ばかり。あるいは、そう思い込んだ家族に責められていたり、片づけられない家族に憤っていたりするケースもあります。

私の片づけは、この「自分が悪い」「家族が悪い」という目線をやめてもらうことから始まります。

断言しますが「片づかない」と悩む人の家は必ず何かが「めんどくさい」です。片づかないのは人のせいではなく、家のせいなのです。

たとえば、たいていの家では、ゴミ箱が足りていません。

ダイニングテーブルの上に捨て損ねたパッケージのかけらや不要なダイレクトメールがたまっていたり、洗面所に使い切ったボトルが放置されていたりするのは、そのすぐそばにゴミ箱がないからです。

けれど、ゴミ箱が足りないことに、みなさん気付いていません。毎日繰り返すことは「それが当たり前」になって疑問をもちにくいのです。

それどころか、ダイニングテーブルで出たゴミはキッチンで捨てればいい、洗面所のゴミはお風呂上がりにリビングで捨てればいいと思っている方さえいます。

でも、そのちょっとのめんどくささが、ゴミをその場にちょい置きさせるのです。

そこに「めんどくさい」がある限り、この問題は解決しません。

「めんどくさい」を解消するのは、難しいことではありません。私はもっとも手軽な方法として、ゴミ箱を「増やす」ことを提案しています。


ダイニングテーブルの近くにはＡ４サイズの書類がバサッと捨てられるゴミ箱が必要です。いらない書類を見つけた瞬間、すぐ捨てられます。

洗面所にゴミ箱がない家は多いですが、シャンプーの詰め替えパックなどのゴミが必ず発生するので、設置して損はありません。

また、ゴミ箱が小さいとこまめに捨てる手間がかかるため、サイズを大きくすることも効果的です。


ゴミ箱を増やす。ただそれだけで、拍子抜けするほど簡単にゴミが散らからなくなります。口うるさく注意してもゴミを捨てなかった家族が、あっけなく捨てられるようになって驚く方もいます。

「めんどくさいをなくす」って、こんなに簡単なことなんです。

私がひとつの家で片づけをご一緒するのはたった3時間。それなのに、劇的な効果を感じていただけるのは「めんどくさいをなくす」ことにターゲットを絞っているからです。

「スイッチが入る」と呼んでいる瞬間があります。片づけ作業を開始して、私がひとつかふたつ、その家の「めんどくさい」を見つけると、あるときから急に、依頼者さま本人が次々と家じゅうの「めんどくさい」に気づきはじめるのです。この視点をもてるようになると、以降はスムーズに作業を進められることが多いです。片づかない原因が見えると、迷いがなくなるんですね。

本書は、この「スイッチが入る」瞬間をみなさんにも体験していただけるように、考え抜いて書きました。

私が20年以上かけてたどり着いた、シンプルだけれど確実なメソッドです。「とにかく捨てましょう!」なんてハードなことも言いません。だからみなさん、どうか安心してついてきてくださいね。

家族の片づけコンサルタント　sea《しー》

家じゅうの「めんどくさい」をなくす。

もくじ

第1章 私が「めんどくさい」をなくす理由

第2章

「めんどくさい」の正体

第3章

「めんどくさい」をなくす① 分ける

第4章

「めんどくさい」をなくす② しまう

第5章

「めんどくさい」をなくす③ 場所別しまい方のコツ

クローゼットのしまい方

キッチンのしまい方

リビング・ダイニングのしまい方

キッズスペースのしまい方

ストック品の扱い方

第6章

家族みんなの「めんどくさい」をなくす

第1章

私が「めんどくさい」をなくす理由

これは、家が散らかりがちな
クマ家のお話――
こりゃ なんとかしないと…
みんなで 片づけ ましょう！
お〜っ
数時間後
ピシッ
なんとか 片づいた…
しかし、
1か月後…

お部屋はふたたびぐちゃぐちゃになってしまったのです！
リバウンドしてるーッ
なんだか家族の間もピリピリしています
ねえ ジャケット出しっぱだよ！
そっちこそメイク道具しまいなよ
片づけても片づけても散らかる。どうすればこの負のループから抜け出せるのでしょう？

つづく

「めんどくさい」は最強の敵

人間は、「めんどくさい」に逆らえない

私が20年以上片づけを続けてたどり着いた結論です。

「めんどくさい」に逆らえる人はいません。

なぜ「めんどくさい」に勝てないか。それは、日常生活のなかで片づけに割けるエネルギーは自分が思っているよりずっとずっと少ないからです。

この「自分の感覚」と「現実」の認知のギャップがやっかいなのです。

ほとんどの人は片づけの最中はやる気マックスで、「これからはちゃんと片づけて、すっきりした収納にしよう！」と思います。でもそれは未来の自分を買いか

ぶっている状態。やる気のある「今」がずっと続くと錯覚しています。

ここで手間のかかる「めんどくさい」収納を選んでしまうと、必ず失敗します。生活が始まると片づけへの「意識」は切れてしまうからです。

人生には仕事、子育て、健康など、意識しなければならないことがたくさんあります。そのなかで片づけの優先順位はとても低いもの。忙しい毎日のなかで、片づけに気を配りつづけることなんて不可能です。

目指すべきは、「頑張っていないのに、なぜか片づいたまま」の家。

片づけへの「意識」が切れた状態でも片づけられてしまうほど、簡単で、エネルギーを消耗しない、「めんどくさくない」しくみが必要です。

人生には、ほかに大事なことがたくさんあるので、片づけは頑張らなくていいんです。

わがままになるほど、得をする

あるファシリテーター（ざっくり言うと、会社の問題解決の専門家）の方が書かれた本に、こんなことが書いてありました。

「自分がどれほど居心地悪く冷たい感じの場所にいるか、ほとんどの人が自覚していない。自分にとってはそれが普通であり、その場所しか知らないから」

これは会社の話ですが、一般家庭でも同じことが言えると思います。

多くの人は自分の家しか知らないので、居心地が悪くても「こんなもんかな」とスルーしてしまうのです。

そんな状態から抜け出すために、あなたには「めんどくさい」に敏感になってもらいたいと思っています。とことん自分に甘くなってほしいのです。

片づけをするときにイメージするのはハツラツとした自分ではなく、いちばんダメな状態の自分にしてください。何に対してもやる気が出ない、忙しくて疲れてヨレヨレ……そんな自分を想像します。

そして、思いっきりわがままになって「こんなの、めんどくさい！」とたくさん言いましょう。

普段から家や収納で我慢していることはないですか？　片づけのときにストレスに感じることはないですか？

「洗濯物をしまうのがめんどくさい！」

「食器をしまうのがめんどくさい！」

「片づけは、ある程度ためてやっつけるくらいがいい！」

「捨てるのがイヤだ！」

「家族のなかで、自分ばかりが後始末に追われるのはイヤだ！」

いいですね！　そうやってどんどん吐き出しましょう。

頭の中に一度、めんどくさいに気付く回路ができると、一生ものです。それを生かせば「ものすごく暮らしやすい！」という感動がすぐに得られ、手応えを感じていただけます。

誰かのまねは、結局しんどい

私は、依頼者さまに「どんなお部屋にしたいですか？」とは聞かないようにしています。そうすると「すっきりさせたい」「おしゃれにしたい」など、見た目のイメージの話になってしまうことが多いからです。

とくに最近はSNSなどで簡単に「お手本」を探せるようになりました。同じ書類ケースがずらりと並んでいたり、引き出しの中が細かく美しく仕切られていたりするおしゃれな写真を見ると、そっくりまねしたくなることもありますよね。

でも、「これが片づけの正解なんだ」と思ってそのまままねしてしまうのはちょっと待ってください。**片づけのプロである私から見ると、見た目重視の収納はほとんどが「めんどくさい」のです。**

余裕のない小さなケースはすぐにあふれるし、細かく仕切られた引き出しにモノをしまうのは意外とめんどくさいもの。片づけに集中しつづけられる環境でない限り、まずキープできません。

憧れを捨ててダサいのを受け入れてくださいということではありません。大事なのは優先順位です。

まずは「めんどくさい」をなくし、しくみの問題を解決する。**生活がラクに回り出せば、見た目はあとからついてきます。**ケースの色をそろえたり、収納家具をアップグレードしたり、インテリアの満足度を上げるのはそれからです。

「めんどくさい」をなくすと起こること

片づけが、突然うまくなる

めんどくさいをなくすと、あなたの生活はこんなふうに変わります。

・その日から、自然に片づく
・家族が、うそみたいに勝手に片づけるようになる
・片づかないときにどうすればいいか自分でわかる
・片づけのことなんて、どうでもよくなる
・自分の人生をコントロールする自信がつく

「めんどくさい」を乗り越えようとしてふんばる必要がなくなり、まるで当たり前のように片づいた状態が続きます。

今まで困っていた片づけのことがどうでもよくなったら、その先は自由です。インテリアにこだわってもいいし、仕事や趣味に時間を使ってもいい。より人生を豊かにするために時間を使えます。

家が家族の「安全基地」になる

たくさんの依頼者さまと接していて、「もっとラクになっていいんです！」と言うことがしばしばあります。「私がしっかりして、私が決めて、ちゃんとやらなきゃ」と頑張りすぎてしまう方が本当に多いんですね。

私は、家というのはそこに住む人の「安全基地」であるべきだと思っています。

「安全基地」とは、暮らしていて安全な場所であり、もっとも落ち着く場所です。決して、心がザワザワしたりイライラしたりする場所ではありません。

「めんどくさい」がなくなると、今まで片づけられなかった家族の行動も変わります。服を脱ぎっぱなしにしなくなったり、何も言わなくても食器を洗ってくれるようになったり。

こんな急展開が起きると、家族を見る目が変わります。「片づけができない人」と思い込んでいた家族が頼もしく思えてきて「自分ひとりで頑張らなきゃ」とふんばっていた気持ちがゆるみます。

片づけは「できない」と思われる側も、思う側もつらいもの。**お互いが「責任を果たしている」と思い合えるようになると、信頼関係が生まれ、家が心から安らげる場所に変わります。**

こうして家が、あなたにとっても家族にとっても「安全基地」となるのです。

人生の主役が自分に戻ってくる

あなたの人生は、あなたが主役。あなたによる、あなたのための家こそが、人生の舞台になるべきです。

でも、「写真で見たきれいな部屋」や「人から褒められる家」を目指しているうちは、あなたは人生の主役の座を失っています。自分の中に基準がなく、何となく誰かの感覚を借りているだけなので、いつまでたっても「うちはまだダメな気がする」「これで合っているかな？」と自信がないままです。

一方、「めんどくさい」という基準は、あなたの中にある感覚に基づくもの。だから「めんどくさいをなくす」ことを目指して片づけた家は、あなたによる、あなたのための家になります。

誰かの基準に合わせるのではなく「自分がどう感じるか」を考えられるようになると、人生の主役が自分に戻ってくるのです。

片づけを始める前は「どうしましょう……？」と自信がなかった依頼者さまも、作業をすすめるうちにだんだんご自身が主役になってきて「これはこっちにしまってください」「あ、これは捨てます」と断言できるようになります。

自分の中に基準がうまれると、迷いがなくなるんですね。

自分の軸で片づけ、「家を自分でコントロールできている」感覚が生まれると、その自信は人生全体にも広がっていきます。

第2章

「めんどくさい」の正体

クマ家の話②

せっかく片づけたのにリバウンドしてしまったクマ家では、こんなことが起きていました

ハァ〜〜
仕事帰りにクローゼットまで行くのって…
っ!!
こうしてモノが次々と放置され、たった1か月でカオスになってしまったのです
ゴチャ〜〜

ぎゅうぎゅうの引き出しにモノを入れるのって…
カップ
めん
おもちゃを分けてしまうのって…
なんだかとっても…
めんどくさい
「めんどくさい」ってどうやらとっても手ごわいみたい。
どうする!?
クマ家!

つづく

片づいた部屋が1か月で散らかるのは、なぜ？

散らかるのは、戻すのが「めんどくさい」から

みなさんは、今までの人生で何回片づけをしたことがありますか？

おそらく「数えきれない」という方が圧倒的に多いでしょう。一方で、「片づけを一度もしたことがない」という方は、ほとんどいないはずです。

大掃除や来客前の片づけで一度はきれいになったのに、また散らかってしまう。だからまた片づけなくてはいけない。つまり、無限にリバウンドが起きるせいで、ずっと片づけを繰りかえすはめになっているのです。


では、なぜリバウンドは起きるのでしょう？

問いかけておいていきなり結論を言いますが、**モノが散らかるのは「戻す」のがめんどくさいからです。**これ以外に原因はありません。家の中に少しでも「戻す」ときの障害があると、そこは延々と散らかりつづけます。

旅行の支度を思い出してください。出かける前の準備はそれなりにできるのに、帰ってきた後でモノを戻す作業は憂鬱《ゆううつ》で滞りがちなものですよね。

服や食器、書類も同じ。あらゆるモノは「取り出す」よりも「戻す」ほうが圧倒的にめんどくさいです。「取り出す」ときは身支度や食事といった目的がありますが、「戻す」ことを先延ばししてもすぐには困りません。

よほどの片づけマニアでない限り、誰にでも「あとでしまえばいいや……」と「戻す」のを先延ばしした経験があるはずです。その結果、収納場所の外に戻しそびれたモノがたまり、新しく購入したモノの置き場がなくなり、ごちゃごちゃした家になっていくのです。

家の中の散らかる場所を観察すると、必ず、使い終えたモノが元の場所に戻せないまま放置されているはずです。とくに、毎日使う文具や、よく着る服など「よく使うモノ」が戻せず放置されている場合は、何をするにもいちいち動きにくく、ストレスが大きいと思います。

第1章でも申し上げたとおり、「めんどくさい」は最強です。

「今度こそ心を入れ替えてキープする！」といくら決意しても、人間は、心の底でめんどくさいと感じていることを決して続けられません。

努力なしに片づいた状態を保つには、家じゅうの「めんどくさい＝戻しにくい」をなくすことがいちばんの近道です。これからその見つけ方をお伝えします。

5つの「めんどくさい」が戻すのを邪魔している

「めんどくさい」の正体。それは、戻そうとするときの一瞬のつまずきです。

家の中にはたくさんのめんどくさいが潜んでいますが、原因は次の5つのどれかです。依頼者さまには「こんなちょっとしたことで？」と驚かれますが、わずかな手間があるだけで、人はモノを戻せなくなります。

①収納がぎゅうぎゅう

ぎゅうぎゅうの収納は、戻す気を一瞬でそぎます。

引き出しがぎゅうぎゅうだと、開けるときに引っかかるし、いちいち中身をぐっと寄せてスペースを作らないとモノが入りません。

レトルト食品やお菓子を入れるカゴがぎゅうぎゅうだと、新しく買ってきたものが行き場を失い、いつの間にかダイニングテーブルに積まれてしまいます。

こうなってしまう原因は、手元にあるモノだけで、収納の９割以上が埋まっているから。

でも、私たちの想像以上に、モノは勝手に増えるのです。しまいそびれたモノ、新しく買ったモノ、人からもらったモノ、家族が持ち込んだモノ……。そういうモノで残りの１割もあっという間に埋まってしまい、ぎゅうぎゅうの収納が完成します。

②障害物がある

モノを戻すまでの動作の数が多いほど、めんどくささは増します。動作を増やす最大の要因は、障害物です。実は家の中にはさまざまな障害物があり、私たちは無意識にそれを避けています。

畳んだ洗濯物をクローゼットに戻すまでの通り道に、棚や机、ベッドなどがせり出していて、避けながら歩いていないでしょうか。これは無意識のうちに障害物競走をしているような状態です。結果、戻すのがおっくうになり、ソファの上や途中の棚の上に洗濯物が放置されることになります。

大きく姿勢を変えたり扉や引き出しをたくさん開けたりするのも、障害物競走の一種です。

たとえば、アクセサリーをしまうのに、収納扉を開け、小物入れの引き出しを開け、フタつきのボックスを開けないといけないとしたら……。そんな場所に、日々着け替えて楽しみたいアクセサリーを戻すのはめんどくさいですよね。

目に見えない障害物もあります。たとえば、時間帯によって、寝ている子どもや勉強中の家族に気を遣う部屋。こういう場所のクローゼットや本棚はモノを戻す時間帯が限定されるので、めんどくさいです。

③動作が窮屈

モノを出し入れするとき、棚などに手が当たるのもストレスです。

昔のテレビ番組で、「イライラ棒」ってありましたよね。細い通り道のどこにも当たらないように棒を動かすアレです。イライラ棒が日常にあったらイヤですよね。モノの出し入れがスムーズにいかないというのは、イライラ棒と同種のストレスを日常で抱えつづけるようなものです。

④戻す場所まで遠い

家の中を移動するのって、すごくめんどくさいです。お屋敷のような広い家じゃなくても、ワンルームでも、ほんの2〜3歩でもモノを戻すために歩くのはめんどくさいもの。

リビングのおもちゃを上の階の子ども部屋に戻すのも、ベランダから取り込んだ洗濯物を、ベランダからいちばん遠い玄関隣の寝室に戻すのも、どちらも距離がハードルになって戻せなくなります。

⑤戻す場所がバラバラ

収納の場所がばらけると、戻すときのルールが複雑になり、めんどくさいです。

よく見かけるのが、衣類の収納場所がアイテムや家族ごとに分散している家。個人の部屋にそれぞれクローゼットがあるうえに、一部の下着だけを洗面所に置くような細かいルールがあると、衣類の分類でまず疲れ、家の中をウロウロ動き回ってさらに疲れます。

そのうえ、ルールを完全に把握している人しか戻す作業ができないので、いつまでたっても家事が手離れしません。

ゴールは、5つのめんどくさいをなくすこと

ここまでで、「めんどくさいの正体」をなんとなくつかんでいただけたと思います。ここからは、「いかにしてそれをなくすか」をお話ししていきます。

「めんどくさい」のなくし方

「片づけ」＝「捨てる」じゃない

依頼者さまと片づけ作業を開始すると、真っ先に「もっと捨てないとダメですよね？」と聞かれることが多いです。「いかに捨てるか」をテーマにした本もたくさんありますし、世間では「片づけ」＝「捨てる」が王道のやり方だと思われているのかもしれません。

でも、めんどくさいをなくすために、「捨てる」ことは必須ではありません。むしろこの本では「モノを捨てるほど片づく」「捨てないと片づかない」というみなさんの思い込みを消し去りたいと思っています。

「捨てる」作業には向き不向きがあり、誰にでも有効な方法ではないのです。

「捨てる」のが苦行になる人もいる

20年以上片づけの仕事をしてきて、身に染みて感じたのは「捨てるのがつらい人がいかに多いか」ということです。捨てる作業だけで疲れてしまい中途半端な状態で力尽きてしまう人や、捨てるのが憂鬱《ゆううつ》すぎて片づけを先延ばししている人など、いろんなつまづきを見てきました。

実は「捨てる」作業は、片づけのほかの作業と性質が違います。捨てることだけは唯一、「後戻り」がきかないのです。

捨ててしまったものは、あとで「やっぱり残しておけばよかった！」と後悔しても取り戻せません。もう一度買うにも、手間とお金というコストがかかってしまいます。後戻りできない判断なので、緊張してとても疲れるのです。

そもそも、人の心は「捨てる」ことに抵抗があるようにできています。人は一度モノを所有すると「このまま持っておきたい」という心理が働くそうです（これを行動経済学の用語で「現状維持バイアス」といいます）。

実際、100円ショップで買った小物でさえ、捨てるのをためらう依頼者さまは多いです。

もちろん、捨てるのが楽しい人もいます。モノの量が減れば片づけやすくなるのは事実ですし、それで心地よい暮らしを手に入れられたら言うことはありません。

けれど、それはライフスタイルのひとつにすぎません。そうでない人は、無理をしなくていいのです。大量に捨てなくても、片づく方法はあります。

みなさんには、「王道」以外にも手段があると知ってほしいのです。

必要なのは「捨てる」ではなく「分ける」技術

いいですか、「捨てる」に振り回されてはいけません。

モノを減らす＝きれいになる、ではないのです。**そんなことより重要なのは、使い終わったモノを毎回きちんと戻せることです**。それができれば、片づいた状態がキープされ、リバウンドしません。

よく使うモノほど、戻しやすい場所にしまう。それだけで、散らかる要因はなくなります。

そのためには「使うモノ」とそれ以外を分ける技術が必要です。「分ける」は捨てるのと違ってやり直しがきく作業。失敗する怖さもないので、片づけのスピードを早めることができます。

捨てきれないモノは「封印」する

ここまでお読みいただいた方は「じゃあ、使わないのに捨てられなかったモノはどうなるの？」と思われるかもしれませんね。

結論から申しますと、「使わないけれど捨てられないモノ」がたくさんあっても問題ありません。**この本では、私がどのお家でも使う「封印」というとっておきのワザを紹介します。**

「封印」というのは、龍とか妖怪とかを封じるアレです。

龍や妖怪を大通りの真ん中など、目立つ場所に封印する人はいませんよね。たいてい、人目につかない場所にひっそりと隠して閉じこめるものです。

それと同じで、「使う」でも「捨てる」でもない曖昧なモノたちは、日常生活を邪魔しない場所に、ひっそり閉じこめてしまいましょう。

「捨ててはいないけれど日常的には目に入らない、でも存在はしている」状態にするのです。

捨てることにこだわってあとから猛烈に後悔したり、途中で挫折したりするくらいなら、どこかに逃がしてしまえばいい。私が片づけの現場に立ちつづけてたどり着いた、片づけの裏ワザです。

封印にはコツがあり、何でも封印すればOKというわけではありません。くわしいやり方については、本書で順を追ってご説明します。

生活の邪魔にならず、「家のどこかにある」という安心感が得られる方法があるということだけ、ここでは頭に入れておいてください。

「めんどくさい」をなくす手順

最速で手応えを得ると成功する

いよいよ次章からは、片づけの実作業に入ります。

片づけは、キッチン、クローゼット、キッズスペースなどの１エリアから始めるのがおすすめ。最終目標は家じゅうの「めんどくさい」をなくすことですが、一気に家じゅうを変えようとすると、途中で力尽きて中途半端な結果になるおそれがあるからです。

最初の１エリアがうまくいくと自信が生まれ、片づけのモチベーションは自然に上がります。その勢いで、次はこの場所、次はこの場所……と片づけていけば、家じゅうが見ちがえるようになります。

基本は「分けて、しまう」だけ

本書でみなさんに実践していただく片づけ方法は、とてもシンプルです。

①片づけるエリアのモノをすべて出して「分ける」
②仕分けたモノを収納に「しまう」

棚ひとつ、引き出しひとつから始める手軽さはないかもしれません。でも「めんどくさい」をなくすためには、収納のしくみ自体を変える必要があります。一度すべてをリセットして、しまいなおす過程でのみ、めんどくさいを消し去ることができるのです。

次の第3章では①の「分ける」作業について、続く第4章と第5章では②の「しまう」作業についてくわしくお話しします。途中でへとへとになってしまわないように、消耗しないやり方をナビゲーションしていきますので、安心して付いてきてくださいね。

実録

家じゅうの「めんどくさい」をなくしてみた。

さて、そろそろ文字を読むのに
疲れてきたころかもしれません。
百聞は一見にしかず。
「めんどくさい」がなくなると、家はどう変わるのか？
モニターの「Kさん」宅での
ビフォーアフターをご覧ください。

1日で、家はどれほど変わるのか？

Kさんの家は、ご夫婦と小学生のお子さんの3人家族。モノがすごく多いわけではないのにごちゃついて見えること、モノが出しっぱなしになることにお悩みでした。

片づけ開始！

分ける

クローゼットから作業を開始。「粗い山」に仕分けをします。

作業の結果、こうなりました！

しまう

大事なのはモノの見極めなので、たたみ方はやりやすい方法でかまいません。

封印する

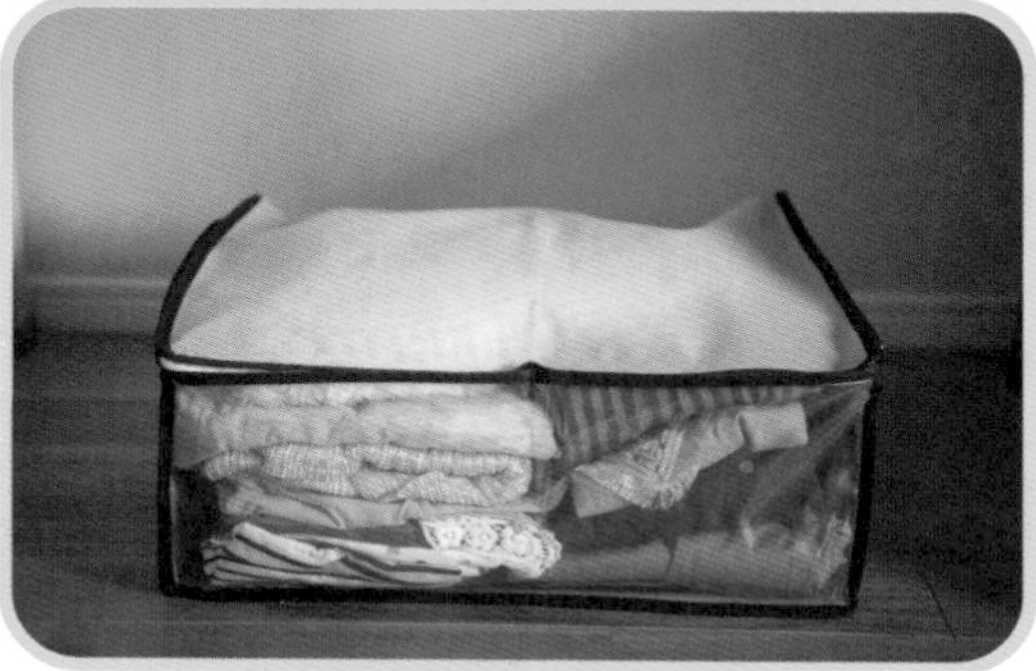

服の封印は、こんな感じ。窓付きの不織布ケースに密度を上げて詰めています。

次のページへ

クローゼット&キッズスペース before

遊べないキッズスペース

キッズスペースの収納は、ぎゅうぎゅうどころかはみ出し放題。使わないおもちゃに一等地が占領されています。これでは、遊びたいおもちゃが見つからず、遊ぶスペースも足りません。

ぎゅうぎゅうすぎるクローゼット

押入れを改造したクローゼットは上下段ともぎゅうぎゅうで、洗濯物をしまうのがめんどう。そのせいでソファについ洗濯物をちょい置きしてしまい、リビングの快適度も下がっています。また、母と子の服が混在しているため、お子さんがひとりで着替えようとしても、目当ての服を見つけにくい状態です。

クローゼット after

洗濯物がラクにしまえる クローゼットに！

よく着る服をゆったり、それ以外を密度高めにメリハリをつけてしまうことができ、すっきりしました。さらに、写真の向かって右側にお子さんの衣類収納を分離したことで、お子さんひとりでも着替えやすいしくみになりました。

奥行きを生かして収納力アップ

押入れならではの奥行きを無駄にしないよう、奥にカラーボックスを入れて収納力を大幅に高めました。ここにカバンを入れれば、型崩れすることもありません。

デッドスペースも無駄にしない

モノの出し入れがしにくい収納のすみには「封印」するモノを入れます。カラーボックスを入れて、奥まで目線が通るようにすれば、いざ取り出すときにも位置がパッとわかります。

キッズスペース after

今やりたい「工作」が満喫できるキッズスペースに

Ｋさんのお子さんは工作が得意で、いつもダイニングテーブルで作業をしていました。「おもちゃで遊ぶより何かをつくるほうが好き」という本人の希望から、キッズスペースは「アトリエ」重視でつくり直しました。

勉強机兼アトリエをつくる

モノを仕分けた結果、上も下もモノで埋まっていた机が表に出せました。ここを工作を楽しむアトリエスペース兼勉強机にしたことで、自宅学習の環境も整いました。

遊びやすいおもちゃ収納

もう遊んでいない古いおもちゃを手放し、今遊びたいおもちゃだけをゆったりと収納にまとめました。どこに何があるか、お子さんでもわかるシンプルさです。

リビング before

ダイニングテーブルがモノだらけ

お子さんの工作グッズや大人の仕事道具がつねにダイニングテーブルの上にあり、食事のたびにどかす手間がかかっていました。

あふれる仕事道具

リモートワークで使う仕事道具があふれ、出し入れ時にストレスがたまる状態です。

after リビング

ダイニングテーブルから モノが消えた

散らかりがちな文具は、ジッパー付き保存袋にまとめて整理。工作グッズはキッズスペースに移して、リビングに持ち込まれないしくみに変えました。

after キッチン before

料理もお手伝いもしやすい作業台

作業台の上には今使うモノだけを残し、ほかのモノは収納へ。料理中やお子さんのお手伝いのときに使える作業スペースになりました。

作業できない作業台

調理中の一時置き場として設置されたキッチンの作業台。でも、収納からあふれたモノに占領され、物置状態になっていました。

「めんどくさい」がなくなったその後――

片づけが終わって1か月後。「めんどくさい」がなくなって、実際に生活がどう変わったのかを、Kさんに伺いました。

片づけが終わったその日から、生活が変わって驚きました。

たとえば、ソファにつねにたまっていた洗濯物がなくなったことで、仕事や家事の合間に休憩が取りやすくなったんです。これには夫も大喜びで、生活の質がすごく上がりました。

これまで、子どもに対して「片づけは苦手なタイプかも」と思っていたのですが「めんどくさい」がなくなったとたん、使ったモノを自分で戻せるようになったんです。子どもを「すごい！」という気持ちで見られたことが、今回いちばんうれしかったです。

次は、

あなたの番です。

第3章

「めんどくさい」をなくす① 分ける

クマ家の話③
気を取り直したクマ家は
クローゼットの片づけを始めたようです
決めた！
オーーッ！
ササ
これを最後の片づけにしよう
フンッ
バッ
まずクローゼットの服を全部出すッ
ブオン
バサ
ドサ
KUMA

ところが……
ヤダッ コレなつかし〜
きゃっ
古〜ッ
おっ
コレは着ようと思えば着られそうだ
ヨレ〜ッ
コレは…どうしよ…
ハァ…ハァ…
なんか…
量が多くて意識がもうろうとしてきた……
ウウ…
どうしよう、コレ…
ごちゃ〜ッ
「分ける」って、大変。
どうすればくじけずに
やり遂げられるのでしょう？

つづく

「分ける」作業の目的

自分のモノを把握する

片づけの最中、引き出しの奥から存在を忘れ去っていた服や化粧品が出てきたり、あちこちから電池や付箋が発掘されたりしたことはありませんか？　私の経験では、９割の家で「ここにあったのか！」というモノが発見されます。**自分が持っているモノって、想像以上に把握できていないものです。**

残念なことに、把握できていないモノがたくさんある場所は、片づきません。そういう使わないモノに収納が占領されていると、肝心の「使うモノ」の場所が圧迫され、使い終わったモノが戻せなくなるからです。

そのため、「分ける」作業では片づける場所のモノをいったんすべて出し、そこ

にあるモノを把握する必要があります。

「使うモノ」を選ぶ

「分ける」作業の最重要ミッションは、大量のモノのなかから「使うモノ」を選ぶことです。いざ片づけを開始すると、モノの量に圧倒されてしまうかもしれません。

でも、ここで混乱して作業に時間がかかってしまうと、疲れて片づけを完走できなくなってしまいます。

この章では、負担を最小限に抑えつつ、最速で大量のモノを分ける技術をお伝えします。

分ける作業の進め方

①収納からすべてのモノを出す

まずは、「片づける」と決めたエリアのモノを全部出します。

このとき、必ず広いスペースを確保してからモノを出し始めてください。スペースに気を遣っていると、思う存分作業ができなくて効率が落ちます。床やベッドの上を大きく空けましょう。

収納の中に入っているモノも、すべて出してください。「ここに入れたモノはわかってるから大丈夫」という聖域をつくってはダメですよ。

収納された状態で判断しようとすると、モノの状態がよくわかりませんし、収納のすみに埋もれているモノを見落としがちです。

収納から出すと、ひとつひとつのモノの状態とトータルの量がありありと見てとれます。

洋服なら「あ、これ変色してる」「こっちは傷んでいるな」と気づいたり、タイツや靴下なら「毛玉だらけだ」「左右そろってないものがこんなにあったのか」とそこで初めて気づきます。収納の下のほうに埋もれていたタイツやストッキングの買い置きが出てくる、なんてこともよくあります。

②「粗い山」をつくる

収納から出したモノは、出したその手でカテゴリ別の粗い山に分けます。

「出しながら分ける」と言うと身構えてしまうかもしれませんが、難しいことはありません。洋服ならトップスの山／ボトムスの山／アウターの山くらいの粗さでまとめるだけ。もともと収納には同じカテゴリのモノが固まっていることが多いので、そのまとまりを崩さずに出すのが基本です。粗い山のイメージがつかみにくい場合は、少し先の「場所別　粗い山の分け方」のページを参考にしてください。

同じカテゴリのモノが数箇所に散っている場合は、「集合！」と号令をかけるつもりで、1箇所に集めます。

Tシャツやジャケットが寝室や物置部屋にもあるのなら、それらも集合させてください。

モノを出して床が埋まってくると、量の多さに圧倒されて「ああ、大変なことを始めてしまった……」と不安になる方もいるでしょう。

でも大丈夫、モノはちゃんと収まります。

③使う／手放す／迷うに分ける

さて、ここからがいよいよ「分ける」作業の本番です。粗い山に分けたモノを、さらに、使う／手放す／迷う、の3つに分類していきます。

分ける基準はいたってシンプル。「使う」か「使わない」かです。

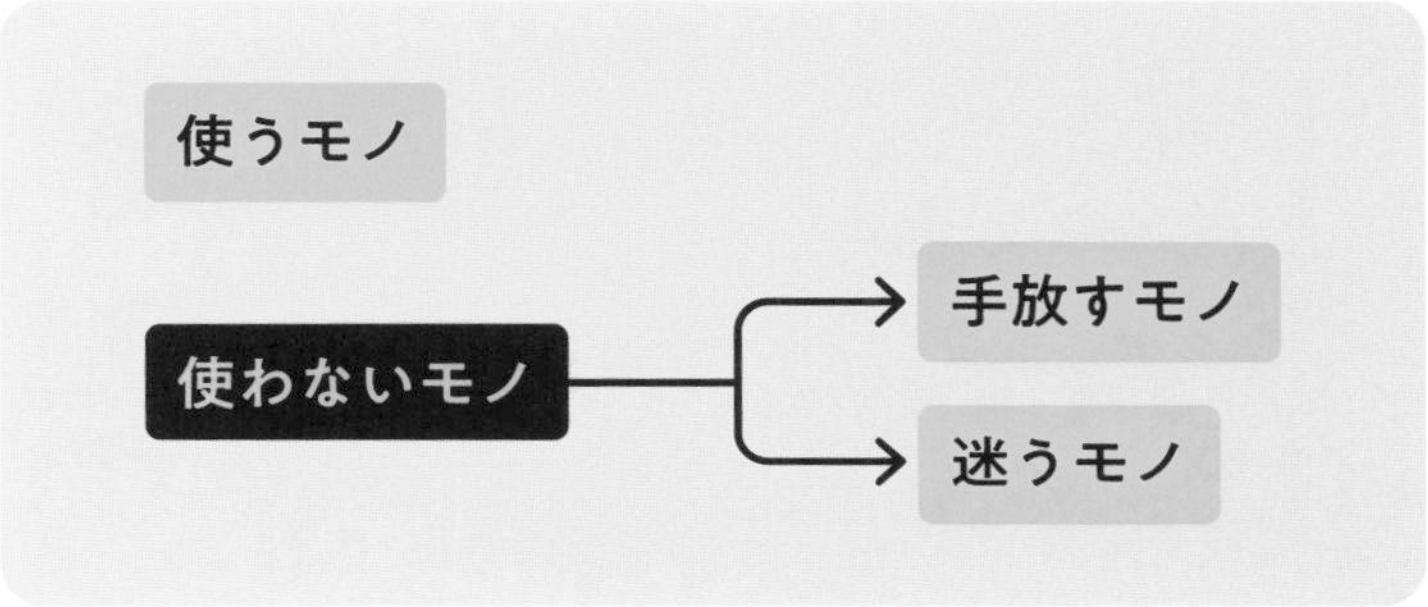

使うモノ

これからの生活で使うモノ・使う予定があるモノはすべて「使うモノ」に分けてください。片づけでいちばん大事なのが、この「使うモノ」です。これらを優先してよい場所にしまっていけば、使い終わったモノがサッと戻せる「めんどくさくない家」になります。

「使うモノ」を選んでもらうとき、私は依頼者さまに「ないと困るモノはどれですか?」と聞くことが多いです。

そうすると「使えなくはない」とか「いつか使うかも」といった使用の目途がたたないモノが除外され、「使うモノ」だけを選ぶことができます。

ここでネックになるのが「思い出の品」です。

思い出の品だけは、使う／使わないの基準で判断できませ

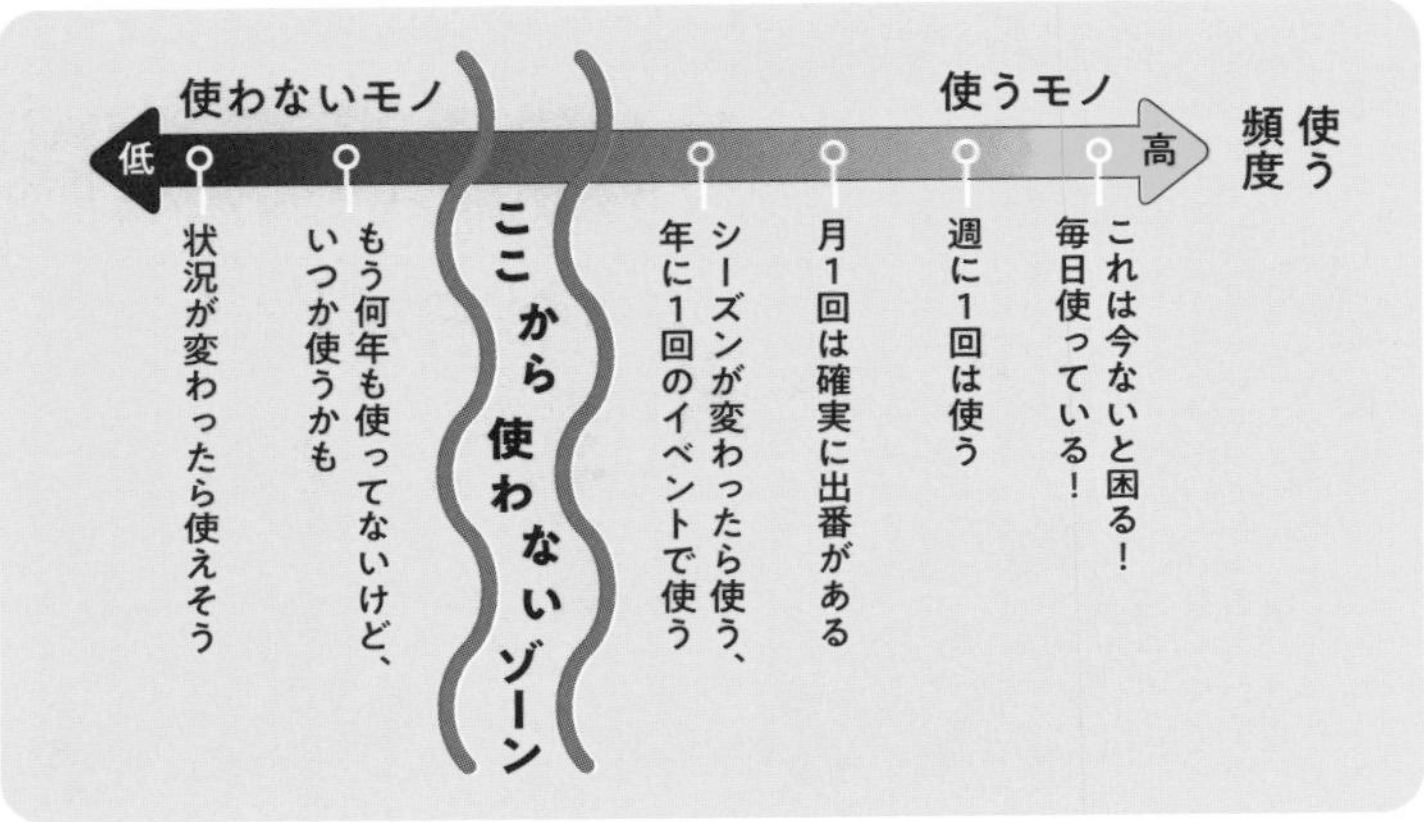

使う頻度
高
低
使うモノ
使わないモノ
これは今ないと困る！毎日使っている！
週に1回は使う
月1回は確実に出番がある
シーズンが変わったら使う、年に1回のイベントで使う
ここから使わないゾーン
もう何年も使ってないけど、いつか使うかも
状況が変わったら使えそう

ん。もう役目は終えているけれど、「取っておくこと」自体に意味があるからです。

ただ、古いモノすべてが思い出の品ではないはずです。**この作業では「これは取っておきたい」と保管する価値を感じるモノだけを残しましょう。**

たとえば、いろんな家で意外と出てくるのが「古い給与明細」。使うかどうかでいうと「使わないモノ」ですが、もし「仕事を頑張っていたときの大切な思い出」と感じるなら、残していいのです。

「思い出の品」はほかのすべてのモノと扱いが違うので、最後にしまいます。まとめて別の場所に置いておいてください。

「使うモノ」と「使わないモノ」の境界線がわからなくなったら、上の図を確認してください。

使わない↓手放すモノ

「使わないモノ」のなかで、明らかに不要だと判断できるモノは、この段階でゴミ袋に入れて手放しましょう。売ったり人にゆずったりして捨てる以外の手段で手放せそうなモノも、ここに分類します。

ここで無理をして、手放すモノを増やす必要はありません。それでも、同じジャンルのモノが一堂に会すると、明らかに汚れた服や、役目を終えた書類、インク切れのボールペンなど、限りなくゴミに近いモノ（あるいはゴミ）が続々と現れます。そういう「手放しても絶対後悔しないモノ」は、迷いなく捨てられるはずです。

また、「1箇所に集めてみたら大量にあった！」というモノもあるでしょう。タイツやストッキング、ホチキス、消しゴム、シャープペンの替え芯などなど……。細かいモノほど量が増えがちです。この時点で「こんなにいっぱいあるなら、少し手放してもいいや」と思えたら、「手放すモノ」に分けましょう。

使わない↓迷うモノ

「これは使わないけど、う～ん、もったいないかな……」などと手放すのに抵抗を感じるなら、それ以上悩まず、「迷うモノ」に分類してください。

「いつか使いたいけど、具体的な予定はない」モノも、ここに分けます。

大量にある同じような文具、着られるけどイマイチしっくりこない服などを見て、分ける手が一瞬でも止まったら「迷うモノ」に分けてＯＫです。

使わないモノだからといって、即捨てなくてもいいのが私のメソッドのポイントです。あえて曖昧な選択肢を用意することで、分ける作業の痛みを減らし、判断のスピードを早めています。

④最後に「迷うモノ」を見直す

「使う」「手放す」「迷う」の分類が終わったら、自分をほめてあげましょう。片づけが苦手な人ほど自分に厳しく、完璧じゃないかも……とくよくよしがち。分ける前の写真を残しておくと、見比べて自分の進歩を実感しやすいのでおすすめです。

さて、分け切った時点では、「迷うモノ」が大量にあるはずです。

でも、ここで「使うモノ」にもう一度目を向けてください。そこには、これからの自分の生活に必要なモノだけがまとまっていて「これだけあれば生活は回るな」という安心感がきっとあるはずです。

その頭でもう一度「迷うモノ」を見ていただきたいのです。

「迷うモノ」だけを冷静に見ると、そのなかに優劣があることがわかってきます。たとえば「白いトップスが何枚もあるけど、これは古いし、こっちはデザインが若すぎる」というふうに。そう思うと、惜しまず手放せるモノもあるはずです。

おもしろいことに、「迷うモノ」は集めると手放しやすくなります。

着られるけど似合わない服や、使いにくい調理器具など、「イマイチなモノ」が塊になると、全体にどんよりした雰囲気が漂い、「手放したい」という気持ちが芽生えるからです。そう思えたら、この見直しの１ステップで、苦もなくモノの量を減らすことができます。

考える時間は「5秒」まで

「分ける」作業は、とにかく手を止めないことを優先し、一気にリズムよく分けていくのがコツです。まずは「分け終わること」を直近のゴールにしてくださいね。

手を止めないためのルールとして、どこに分けるか考える時間は「5秒」までにしてください。

人の集中力はもって2時間くらい。短い人は30分でへとへとになってしまうこともあります。人間のエネルギーは有限で思っている以上に少ないので、「答えを出さないと先に進めない」と思っていると仕分けの段階でエネルギーを使い果たしてしまいます。

5秒考えて答えが出ないモノは、すべて「迷うモノ」です。あえて思考を停止させていいんです。捨てる・捨てない以外の、第3の選択肢を持つこと。これがとても重要です。

「考えるのは5秒まで」。このルールは絶対に守ってくださいね。

場所別

粗い山の分け方

粗い山は「粗い」ことが重要です。細かく分けすぎると「あの山はどこだっけ」と混乱が生じ、手が止まってしまいます。

次のリストを参考に「だいたいこれが同じ山」という感覚で、ざっくりと分けてください。この作業で余計な体力を消費するのはもったいないので、淡々と機械的に分けるのがコツです。くれぐれも「このリストどおり、すべてを分類しよう」とは思わないでくださいね！ あくまでカテゴリ分けの目安です。

集中力が途切れがちなら、タイマーを15分にセットして、時間の区切りをつけるのもおすすめ。15分ごとに進捗を確認すると「こんなに進んだ、もう少し頑張ろう」という気持ちになれます。

クローゼット

・トップス（Tシャツ／カットソー／シャツなど）
・ボトムス（パンツ／スカート）
・ワンピース、丈の長いカーディガン
・アウター
・下着、インナー、靴下
・小物（ストール／帽子／手袋／アクセサリー）
・カバン
・イベントや冠婚葬祭で着る服（喪服／ドレス／スポーツウェア／仮装グッズなど）

キッチン

・常温保存の食材、食品類
・掃除、メンテナンス用品（洗剤／クロス／スポンジ／ふきん／ゴム手袋／レンジ

フードフィルター／揚げ油の凝固剤／ポット洗浄剤など）
・保存用品（ラップ／ホイル／クッキングシート／ジッパー付き保存袋／ビニール袋／ゴミ袋など）
・食器、カトラリー類
・調理器具（鍋／フライパン／ざる／ボウルなど）
・調理家電（ミキサー／ホットプレートなど）
・イベントや決まった用途で使うモノ
（お弁当関係／お菓子作り関係／来客用品など）

リビング・ダイニング

・書類
・文具
・リビングで使う体のケア用品
（爪切り／耳かき／化粧水や乳液／ハンドクリームなど）

・個人の持ち物（在宅ワーク用品／子どもの学習用品／趣味のモノなど）

キッズスペース

・設置型の大きなおもちゃ（人形用のハウス／ミニカー用の立体駐車場など）
・ぬいぐるみ
・人形
・知育おもちゃ（ブロック／積木／パズルなど）
・乗り物のおもちゃ
・変身グッズ（ヒーローものなど）
・おままごと用品
・工作用品（折り紙／粘土／モール／のり／はさみなど）
・絵本

「捨てたくない気持ち」の扱い方

捨てるのが近道、でも別の方法もある

「手放す」と決めたモノは、捨ててしまうのがいちばんラクです。

でも、なかには「いらないけど、捨てるのは心が痛む……」とためらうモノもあるはず。そういう「捨てる痛み」が強いモノを手放すには３つの方法があります。

・人にゆずる
・売る
・寄付する

「これは誰かにあげよう」「売ればいいか」という選択肢があると、捨てるプレッシャーから解放され、判断の速度が上がります。ただ、そう決めた瞬間にモノを手放した気分になってはいけません。

これらの方法は、捨てるのに比べて手間と時間がかかります。そのため、残念ながら片づけが苦手な方や時間がない方は、たいていやり遂げられません。**片づけの現場では「メルカリ」などと書かれた大きい箱が放置されているのを本当によく見ます。**数年単位の年代物もザラで、生活スペースを圧迫してとても邪魔です。

そういう状態にならないためのポイントを、これからお伝えします。

「人にゆずる」場合のポイント

人にゆずるモノは、必ず「いつ」「誰に」ゆずるかを決めましょう。

「来月妹に会うからいらない服をあげよう」などと具体的に決まっているならOKです。でも、「いつか誰かにあげよう」とモノの行き先がぼんやりしていると、タイミングがこないままずっと家に残り続けることになります。

「売る」場合のポイント

フリマアプリやネットオークションは、出品、荷造り、発送の工程にそれぞれ手間がかかります。予想外に高い金額で売れることもありますが、手間のわりに安い金額になることも多いです。

金額にこだわりがないのなら、持ち込んだモノを全部買い取ってくれるタイプのリサイクルショップのほうが格段にラクです。

「寄付する」場合のポイント

人にゆずる、売る、に比べて手間が少ないのは「寄付」です。捨てるよりも環境にいいし、社会貢献にもなります。

本やCDを寄付できる「チャリボン」や、服を寄付できる「古着deワクチン」な

どモノを送る寄付サービスは意外とあります。（※寄付できるモノには条件があります。くわしくはウェブサイトをご覧ください）

ただし、寄付には送料等がかかる場合があるので、自分が気持ちよく出せる額のサービスを選べるといいですね。

ここまで読んで「うーん、めんどくさい！」と思ったあなた。

ゆずる・売る・寄付を検討したもののどれもできない、というのもひとつの結論です。この「諦めのステップ」を踏めば、スッと捨てられることもあります。大切なのは、自分の選択に納得感があることです。

家族のモノの分け方

家族のモノは勝手に処分しない

片づけに真剣に取り組んでいる方ほど、捨てられない家族へのいら立ちが強くなりがちです。

だからといって、家族のモノを勝手に処分してしまうと、相手にものすごい痛みを与えてしまいます。人のモノには執着がないので捨てやすいのですが、そのモノの価値を判断できるのは持ち主だけです。

強制的にモノを減らせば、部屋はすっきりするでしょう。**でも、あとに残るのは「隙あらば自分のモノを捨てられてしまう」という不信感です。**そうなるともう、片づけに関して前向きなコミュニケーションをとることはできません。

片づけは、本人の「自己決定感」がとても大事です。なので、家族のモノは勝手に分けず、自分ひとりで完結させられる場所から始めましょう。自分のクローゼットやワークスペース、おもに料理をするのが自分ならキッチンなど。自分だけの場所でも改善の余地は大いにあります。

家族に動いてもらうコツ

とはいえ、共用スペースが家族のモノだらけだったり、家族の個人スペースが散らかりすぎていたりして、生活がしづらくなっていることもあるでしょう。そういうときは、家族自身に自分のモノを分けてもらいましょう。人はなかなか思いどおりに動いてくれないものですが、やり方はふたつあります。

ひとつは、あなたのスペースを先に片づけきって、気持ちいい状態を見てもらうこと。「使いやすそうでいいな」と思わせられればこっちのもの。「自分もやってみよう」とやる気を出してくれるはずです。

もうひとつは、なぜ片づけるのか、家族にどんなメリットがあるのかをわかりやすく伝えること。

「あなたの朝晩の着替えがスムーズになるよ」「子どもが思いきり遊べたらいいよね」という具合に、「捨てる」「減らす」以外の目的を伝えるのです。

メリットに納得できると片づけが一気に自分ごとになり、「何年も着てない服を捨てたら、場所ができるかも」「それなら、ここのモノをどかそう」と、動いてくれることが多いです。

子どものおもちゃの分け方

子どもを片づけ上手にする方法

「子どもを片づけ上手にするにはどうすればいいですか？」と相談を受けることがあります。

私が考える最良の方法は、子どもに「快適なセルフスペース」をつくってあげることです。快適なセルフスペースとは、「ここには自分の好きなモノしかない！」と思える場所のこと。

そういう好きなものだけに囲まれた空間では「この場所を大事にしよう」という意識が自然と生まれ、散らかったおもちゃをしまったり、増えすぎたおもちゃを整理したりするお子さんが多いです。

「捨てなさい」は禁句

お子さんに対して「捨てようね」とか「減らさないとダメだよ」といった言葉を使うのはNGです。片づけのマイナス面を強調すると、子どもは片づけに苦手意識をもってしまいます。

片づけの現場で痛感しましたが、一方的に「捨てなさい」と言われると、お子さんはとてもいやがります。「捨てる」「減らす」という言葉は強烈なので、何かを失うようなさみしい気分になるものです。おとなも同じですよね。

強調すべきはプラス面。「もっと遊びやすくしたいから、いちばん遊びたいものを教えて」「遊ぶのが楽しくなるようにしてみよう！」「こうすると取りやすいね！」と、お子さんがうれしくなる提案をすると、協力を得やすいです。

まずは親がおもちゃを分ける

家族のモノは勝手に分けないのが原則ですが、小学校入学前までのお子さんは別です。お子さんの意思を尊重しようと、ゼロから一緒に片づけようとする方も多いのですが、小さなお子さんの集中力は持っても20分くらい。片づけを最初から完走するのは無理があります。

年齢別に言うと、1歳までは親がすべて判断し、2歳ごろからは声をかけて一緒に「分ける」作業を進めるのがよいでしょう。ただし、おもちゃの量が多く、分類もされていない状況なら、先に親が判断して作業の下地をつくってあげるとスムーズです。

おもちゃの分け方

「使うモノ」に分けるのは、子どもが最近遊んでいるおもちゃです。経験上、これはどの親御さんもかなり正確に把握しているので、あなた自身の感覚を信じて大丈夫です。

ただ、「子どもが最近触ったかどうか」には振り回されないように気をつけましょう。赤ちゃんのときに使っていた歯固め用おもちゃをお子さんが気まぐれに触ることがあっても、それは「ごちゃごちゃいろんなモノがあるからなんとなく触っただけ」だったりします。

少し前にハマっていたけど、いまは見向きもしないおもちゃは、「使わないモノ」です。子どもの成長は早いので、ブームが過ぎ去るのも早いです。

迷うおもちゃは寝かせる

「使わないモノ」に分けたおもちゃのなかで、明らかにボロボロだったり壊れたりしているものは、どうしようもないのですぐに手放しましょう。

残るのはおそらく「子どもが急に思い出しそうなモノ」や「思い出があって捨てるに忍びないモノ」でしょう。これらは手放す決断がつきにくいので、いったんすべて寝かせます。

くわしくは第5章で説明するので、仕分けの段階では「迷うモノ」としてまとまっていればOKです。

下のきょうだいへのおさがりも、ここに一緒にまとめてください。

場所別

「手が止まりがちなモノ」の分け方

依頼者さまと一緒に「分ける」作業をしていると、**みなさんに共通して「手が止まりがちなモノ」があることがわかりました。**

みなさんが「う～ん……」と悩むのは、「たぶんもう使わないけど、手放したら後悔しそう」なモノです。ここでは、そういうモノをどう判断するとラクに分けていけるかを、場所別に紹介します。

繰りかえしになりますが、無理にモノを手放す必要はありません。「分ける」作業は、あなたの今の生活に本当に必要なモノを見極めるためにするもの。

絶対に守るべきルールではありませんが、止まった手を動かすためのヒントとして読んでみてください。

クローゼット

存在を忘れ去っていた服

クローゼットの服をすべて出すと、「こんな服あったんだ～」と、存在を忘れ去っていた服を発見することがあります。久々の再会にうれしくなって、「使うモノ」に分けたくなるかもしれませんが、ちょっと待ってください。

「これ探してた！」という服は別にして、ワンシーズン以上存在を思い出さず、不自由もしなかった服は今後も着ない可能性が高いです。

そういう服は、手放さなくてもいいので「迷うモノ」に分けましょう。

高かった服

ドレスやブランド物などの高価な服は、高かったぶん「長く持っておこう」という意識が働きがちです。その結果、5年、10年単位で手放せないままクローゼットに残りつづけることもままあります。

でも、それだけ時間がたてばデザインが年齢に合わなくなることもあれば、体型が変わってもう着られなくなることもあります。

本当は服が目に入った時点で「もう着ないかな……」と感じているはずですが、考えて手が止まるようなら、一度袖を通してみてください。一瞬で「ないな」というのはわかります。あきらめて手放しても後悔はしないはずですが、思いきれなければ「迷う」としてもかまいません。わざわざ着るのがめんどうなら、鏡の前で体にあててみるだけでもわかるはずです。

金額が頭をよぎると判断力が鈍りますが、現実を見ると冷静な判断ができるようになります。

やせていたころの服

体型が変わって着られなくなった服は「ダイエットしたら着られるかも」という理由で「使うモノ」に分けたくなります。でも、ダイエットに成功したら、そのときの自分にいちばん似合う新しい服が欲しくなるはず。

私がおすすめするのは、ダイエットのモチベーションを上げるために1、2着だけを「使うモノ」に分けて残し、目に入る位置に置いたり、定期的に着てみたりすることです。目標を可視化するとやる気が出ます。

お気に入りの数着があれば、あとは手放してもいいかな、という気にもなりやすいです。

もらったモノ

義理のお母さんが買ってくれた服や、手編みのマフラーなど「使ってないけど、ゴミにするのは気が引ける」というモノは判断に困りますよね。

でも、自分が誰かにプレゼントをしたときのことを考えてみてください。相手に贈って喜んでもらった時点で、満足しているのではないでしょうか。だから「相手に申し訳ない」と思うことはありません。必要なモノだけ残して、必要でないなら手放してもいいと思うのです。

部屋着

くたびれた外出着を捨てないための逃げ道として、部屋着がやけに増えていませんか？ しかし、部屋着は着心地がすべて。お気に入りばかりをヘビロテして、まったく着ない服も多いはずです。

部屋着は、洗濯周期に合わせて枚数を考えると納得感があります。洗濯周期プラス2枚あれば、足りなくなることはありません。たとえば3日に1回洗濯するとして、毎日新しい部屋着を着るなら、洗濯中に着る分を含めて5枚あればじゅうぶんです。

客用布団

実はクローゼットに収納されていることが多いのが、客用布団です。使う予定があるなら問題ないですが、もし何年も使用していないなら、この機会にレンタルに切り替えることを検討してみてください。

布団は場所を大きく取るうえ、洗ったり干したりとお手入れの手間がかかり、カビやダニが発生しないよう保管にも気を遣います。

今は布団のレンタルサービスが手軽に利用できるので、思いきって手放しても困ることはないはずです。

キッチン

無料でもらったモノ

キッチンは、モノが増えやすい場所です。

とくに、割り箸、スプーン、おしぼりなど無料でもらえるモノは勝手に増えるので、いつの間にか大量になっていることも。でも、残すのはあくまでこれから使うぶんだけ。これからも増え続けるので、劣化した古いものは手放しても後悔しません。

試供品やオマケでもらった小物も勝手に増えがちです。未使用の保存容器や、スポンジ、洗剤・掃除用具のサンプルなど、使おうと思えば使えるものばかりですが、存在を忘れていたような日用品は今後も使わない可能性が非常に高いです。

ブームが過ぎた調理家電や調理器具

収納の奥から発掘されがちなのは、ホームベーカリーやヨーグルトメーカー、フードプロセッサーやブレンダーなど、ブームが過ぎてあまり使わなくなった調理家電や調理器具です。

ブームは繰り返すので、また使うと思うのなら「使うモノ」に分けていいのですが、「使いづらかった記憶がはっきり残っているモノ」については手放すことをおすすめします。たとえば手入れがめんどうなモノはそうそう使う気になりません。「細かい部品が多くて洗うのが大変だった」といった記憶があるのなら、もう使うことはないと判断してもよいと思います。

リビング・ダイニング

ケア用品・文具

爪切り、耳かき、体温計などのケア用品や、ハサミ、ホチキス、ペンなどの文具はいくらあっても困らないので放っておくとどんどん増えます。

でも、この機会にそれらの「使い勝手」を比べてみてください。

比べてみると、「こっちはもう切れ味が悪い」「この体温計は電池切れ」など、見劣りするモノがあるはずです。日用品で使い勝手が悪いというのは致命的です。修理や電池交換がめんどうなので、いざ使うとなると買い替えてしまう人がほとんどなので、思いきって「手放す」でもよいと思います。

子どもの学習アイテム

子どもの教材やプリント類は、授業が進むとともにすぐ古くなっていきます。古いモノをどうするかが決まっていないと、この先どんどん教材の量が増え、必要なモノを見つけにくくなってしまいます。

ここは作業のお膳立てだけをして、お子さん本人に判断してもらいましょう。ルールはシンプルに。「終わったボックス」をつくり、「もう使わないプリントをここに入れてね」と声をかけるくらいでじゅうぶん。古いモノがたまったら、まとめて手放すのがラクです。

捨てるとバチが当たりそうなモノ

古いお守りやおみくじのような縁起ものや、ぬいぐるみや人形などの顔がついているモノについて。もし、手放したいけど捨てるのに抵抗がある場合は「お別れの儀式」をおすすめします。

儀式は自分が納得できるものならなんでもよく、神社のおたき上げに持っていくのもひとつの手です。私はぬいぐるみや人形は「半紙に塩をくるんだものを一晩乗せておき、翌朝ありがとうと声をかけてから捨てる」という方法を実践しています。儀式を終えると罪悪感がなくなり、気持ちよくお別れできますよ。

書類

「書類管理が苦手」という自覚がある方は、管理方法を身につけようと頑張るより、必要以上に書類を管理しないことを考えましょう。

「インターネットで検索可能な情報は原則手放す」くらいの大まかな基準で考えることをおすすめします。

クレジットカードの明細や、家電の取扱説明書などはたいてい検索すれば確認できるので、手放しても困りません。今後は内容を確認したらすぐに手放しましょう。

手元に残すべきなのは「保存」か「対応」が必要な書類だけ。契約書や保証書、支払いに必要な書類などです。

●薬

薬は体に作用するものなので、状態が悪いと使用に不安を覚えます。期限が切れている、何に効く薬かわからない、１粒だけ余っているなど、あやしい状態のものは手放しましょう。

また、薬とサプリメントは別物です。サプリメントは毎日とるものなので、薬箱よりキッチンに置いた方が便利です。

●家のメンテナンス用品

リビング、納戸、玄関など家のいたるところにドライバーや潤滑油などの「家のメンテナンス」に使う道具が散らばってはいませんか？　メンテナンス用品は、使いたいときに即使えなければ意味がないので、この機会に１箇所に集めておくとよいでしょう。集めるのは、たとえばこんなモノです。

ドライバー類／ねじ類／S字フック／家具の予備パーツ／家具のすべり止め／延長コード／電池／スマホなどの予備の充電ケーブル／替えのフィルター類など。

この段階で、用途不明のねじやケーブルが出てきたら、それは今後も何に使うかわからないままなので手放しましょう。

キッズスペース

子どもの作品

子どもの作品はほぼほぼ「親が楽しむためのもの」です。「子どものモノは全部いとおしいから……」と、作品やノートをすべて残している方もいらっしゃいますが、お子さん自身がそれらすべてを「楽しんで見返す」ことはまれ。

私は、親の仕事はすべてを残しておくことではなく、見返すのを楽しめる量に厳選することだと思っています。

楽しめる量とは、具体的には「お子さんひとりにつきひと箱」が目安です。箱がいっぱいになったタイミングで、何を残すか、年代ごとに厳選して中身をアップデートしていくのがおすすめです。

粘土細工や段ボール工作といった立体の作品は時間とともにボロボロになるので、いい状態のうちに存分に飾り、それを写真に撮れば思い出としてきれいに残せます。

お子さんの姿も一緒に写しておけば「このときこんなに小さかったんだ」「こんなにうれしそうな顔をしてたんだ」と思い出せる、貴重な記録になります。

大切なのは、思い出をきれいに保管することで、その形は写真でもいいのです。

その他のスペース

●ブームの終わった趣味のモノ

ゴルフやテニス、スキー、乗馬などのブームの終わったスポーツ用品、もう使わなくなった健康グッズなどが玄関の収納やストックスペースに眠っていませんか？ こういうモノは何のジャンルか分類がしにくく放置されがちです。

改めて眺めて「この先もうやらないな」と思うなら、この機会に手放してしまいましょう。

スポーツ用品や健康グッズはサイズの大きなモノが多いので、手放すのにひと手間かかります。後回しにしないよう、その場で粗大ゴミの回収を申し込んだり、人にあげる約束を取りつけたりするのがコツです。

●紙袋・ビニールバッグ・不織布バッグ

家のいろんな場所から、紙袋が出てきたあなた。ヨレヨレでくたびれているものはその場でゴミ袋に入れてかまいませんが、それ以外はまだ全部とっておいてください。

実は、紙袋は引き出しの仕切りとして大活躍するのです。だから今は捨てずに、大きい紙袋／小さい紙袋／ビニールバッグ／不織布バッグ、とざっくり種類別に分けて、片づけが終わるまでは待機させておいてください。

第4章

「めんどくさい」をなくす② しまう

クマ家の話④

なんとか「分ける」作業を終えたクマ家。
満を持して「しまう」作業を始めたのですが——

テキん〜
とりあえず使わないモノからつめよ〜
ぼくの服は引き出しにまとめるね
きちっ
スキマにかばんをつめこんでみた！
みちっ…
よくわからないモノはとりあえずまとめた！
ごちゃ…

そんなこんなで2時間後
たいして着ない服だらけ
行き場を失った
よく着る服
ガーン
あれっ!? 全部
入らないかも!?
うーん、ただ「しまう」だけじゃ
「めんどくさい」はなくならないみたい。
どうやってしまえばうまく
いくのでしょう？

つづく

「しまう」作業の目的

目的は「めんどくさい」をなくすこと

さあ、いよいよここからは、「しまう」作業を始めます。

収納のしくみをつくりなおすので、モノをあちこちに動かし、立ったり座ったりと慌ただしくなりますが、片づけの目的は忘れないでいてください。

何度でも言いますが、家が散らかるのは、使ったモノが戻せていないからです。

① 収納がぎゅうぎゅう
② 障害物がある
③ 動作が窮屈

④ 戻す場所まで遠い
⑤ 戻す場所がバラバラ

戻す場所にこれら5つの「めんどくさい」があると、「あとで戻せばいいか……」という先延ばしの気持ちが生まれ、モノを放置したり変な場所に仮置きしたりして、散らかった使いにくい家になっていくのです。

しまう作業は、この「戻すめんどくささ」を撲滅《ぼくめつ》するために行います。

5つの「めんどくさい」をつくらない

どの場所でも、気をつけることは同じ。そもそも5つの「めんどくさい」が生まれないようにすればいいのです。

①収納をぎゅうぎゅうにしない

収納をぎゅうぎゅうにしないためには、しまい方にメリハリをつけることが大切です。**のちほど説明する「今使うモノ」だけを徹底的にゆったりさせ、逆にそれ以外はキチキチに詰め込んでかまいません。**

「ゆったり」の目安は、手でモノをかき分けなくても、何がしまわれているか見てわかる状態のことです。

②障害物をなくす

収納にたどり着くまでの障害物は、この機会に取り除きましょう。洗濯物をしまうときの通り道に家具があるなら、ずらす。収納の扉の前に置かれているモノは、どかす。「めんどくさい」に慣れきっていると、意外と気付けないポイントです。

モノを戻すまでの動作が多いのも、障害物と考えます。使用頻度の高いモノは、できるだけ1アクションで戻せる収納にしまいましょう。

具体的には「入れるだけ」「置くだけ」の収納です。

●入れるだけで戻せる収納

棚やカゴなどオープンなケースの中にモノをぽいっと入れるだけの収納がこれに

あたります。

「入れるだけ」の収納を成功させる秘訣《ひけつ》は、大きめのケースを選ぶこと。入れるモノの量に対して「ちょっと大きいかな？」と思うくらいの、余裕があるサイズがおすすめです。

置くだけで戻せる収納

「置くだけ」の収納は、めんどくささを最大限に取り払ったもっともラクな方法です。その場所でモノから手を離すだけでいいので、なんの努力もいりません。

置くだけ収納に向いているのは、毎日使うモノや片づけが苦手な家族のモノ、重くてカゴに入れるのすらめんどくさいモノ、小さくてしまいこむと見えなくなるモノ。「使う人の腰の高さ」がもっとも戻しやすい高さです。

たとえば、床などに放置されがちなお子さんのランドセル。「横向きに置いたカラーボックスの上に乗せればＯＫ」というような「置くだけ」収納に切り替えることで、放置されなくなります。

ランドセルは重いので、お子さんにとって「持ち上げて、棚の決まった位置に入れる」のは重労働。市販のランドセルラックでもそういうものをよく見かけるので要注意です。

③動作が窮屈にならないようにする

棚を使う場合は、収納にモノを戻すときに手やモノがまわりにぶつからないかを確認しましょう。手って、自分で思っているより大きいものです。実際にモノを出し入れしてみて、当たらないか確かめてみてください。

「視線の窮屈さ」というものもあります。のぞき込んだり引き出したりしないと中のモノが確認できない状態はストレスです。棚の中にケースを入れる収納の場合、棚に対して半分くらいの高さのケースを使うだけで目線がパッと通り、一目で中の状態が見て取れるようになります。

④戻す場所を近づける

モノを戻すためだけに歩き回るのはめんどくさいので、使う場所と戻す場所は同じにするのが理想です。同じ場所が無理でも、ほんの少し近づけるだけで効果はあります。

たとえ2、3歩でも、人の行動は変わります。「脱いだアウターを部屋の奥のクローゼットに戻すのは無理でも、ドア横に置いたカゴには戻せた」なんてことが、本当によくあるのです。

⑤戻す場所をまとめる

「分ける」作業を終えた段階で、同じカテゴリのモノが別の収納や家のあちこちに分散していることに初めて気づいた方も多いと思います。

これらをまた分散させてはいけません。これからはできるだけウロウロせずに戻せるよう、同じカテゴリのモノはなるべく1箇所にまとめましょう。

「分ける」作業で出来上がった「ざっくりしたモノのまとまり」をなるべく崩さないようにすれば、おのずと収納のしくみはシンプルになります。

「しまう」作業の進め方①

「今使うモノ」をしまう

「今か、今じゃないか」で考える

しまう作業の進め方を説明します。クローゼットであれキッチンであれ、考え方は同じです。

ここまでで「使うモノ」と「迷うモノ」が分けられていると思いますが、この段階で「迷うモノ」のことは考えなくて大丈夫です。部屋のすみのほうに寄せて、作業スペースを確保してください。

そして、作業スペースに「使うモノ」を見やすく広げたら、作業開始です！

でも、ここですべての「使うモノ」を一気にしまってはいけません。現状では、まだ「毎日使うモノ」から「数年に一度使うモノ」までが一緒になっています。

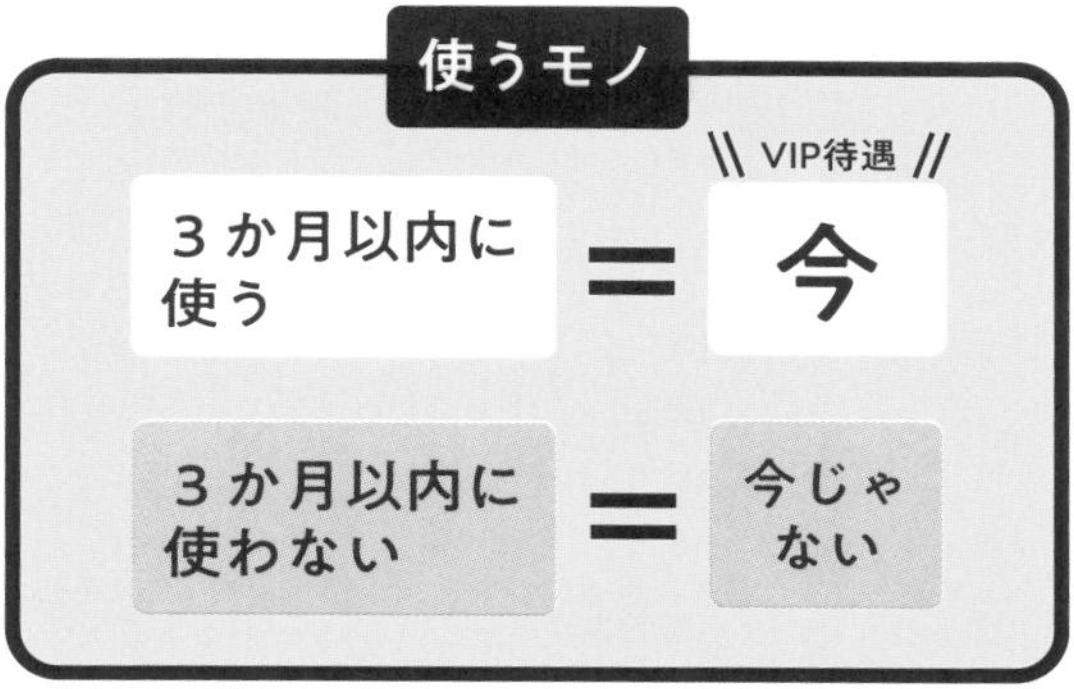

大事なのは「今使うモノ」だけです。片づけ終わった直後から、モノの出し入れは始まります。だから、今日明日すぐに使うモノを何より戻しやすくしておかないと、片づけが終わったとたんにリバウンドしてしまうのです。

「今使うモノ」を戻しやすくする。しまう作業ではこれが何より重要です。

そのモノを使うのが「今か、今じゃないか」を意識するようにしてください。

「今使うモノ」＝３か月以内に使うモノ

まずは、集中するべき「今使うモノ」を見つけられるようになりましょう。

片づけにおける「今」には、明確な判断基準があります。それは「３か月以内に使うかどうか」。持っているモノの量にはかなり個人差がありますが、3か月と期間を決めるとかなり量が絞られ、しかも当面の生活に必要なモノ一式が確保できます。明日着る服も、1か月後に羽織るカーディガンも、すべてざっくり「今使うモノ」です。

それ以外の「今じゃないモノ」は、オフシーズンの服やクリスマス用の飾りなど、すぐには使わないけれど明確に使用の予定があるモノです。もしそこに「予定はないけれどいつか使いたいモノ」が混じっていたら、それは「迷うモノ」に移動させましょう。

「今使うモノ」はVIP待遇にする

「今使うモノ」は、ほかのモノと扱いに差をつけ、VIP待遇します。飛行機のファーストクラスや新幹線のグリーン車を想像してください。いい席って「乗り降りしやすい場所」に「ゆったり」つくられていますよね。

収納も同じ。**「今使うモノ」こそ「戻しやすい場所」に「ゆったり」しまうのです。**しまう順番は、使用頻度が高い順。月1で使うモノより毎日使うモノを優先し、「ここ、もらった！」と場所取りゲームのような感覚で場所を取っていってください。

たとえばクローゼットなら、奥から服を詰めるのではなく、手前のいちばん出し入れしやすい場所から場所取りをしていきます。

一度「今使うモノ」が完璧に収まった状態を確認してから、そのほかのモノを入れる。非効率的に思えるかもしれませんが、これをやらないと、どうでもいいモノだけで収納の大半が埋まり「大事なモノを入れる場所がない！」という状況になりかねません。

「しまう」作業の進め方②

すべてのモノをしまいきる

「今じゃないモノ」はひと手間かかる場所に逃がす

「今使うモノ」を収めきったら、「今じゃないモノ」に手を付けます。

こちらも、使う頻度が高いモノから順に、「今使うモノ」の周囲を固めるようにしまっていきましょう。「今使うモノ」がいい場所にゆったりしまわれているので、「今じゃないモノ」は必然的に余ったスペース＝ひと手間かかる場所へ逃がすことになります。すぐに使う機会はないので、密度を上げて詰め込んでも大丈夫です。

ここまでの作業で「使うモノ」がすべてしまわれた状態になります。

最後に「封印」する

最後に残るのは、最初によけておいた「迷うモノ」たちです。これらをどうにかする前に、まずは、今の収納の状態をじっくり見てください。

そこには、これからのあなたの生活に必要なモノが、使いやすく収納されています。そして視線を「迷うモノ」に戻します。すると、今まで「捨てられない……」と悩んでいたモノへの執着が、ふっとなくなっていることがあります。

迷うのは、背後に不安があるからです。「使うモノ」がしっかりと収まった状態を見て安心すると、「もしかしたら使うかも」「予備が必要かも」というぼんやりした不安が消えます。そこで初めて「これがなくても大丈夫」とふんぎりがつく方も実は多いのです。

この段階で「手放す」と思えたモノは手放し、最終的に残った「迷うモノ」だけを、次の工程で「封印」します。

「封印」のふたつの鉄則

依然として「迷うモノ」をほとんど捨てたくない方もいらっしゃると思います。それならそれでよいのです。捨てないことで心の安寧を得られるなら、そのほうがいいに決まっています。

ただ、使わないものが生活空間を圧迫しては困るので「封印」という奥の手を使って生活スペースを邪魔しないように保存しましょう。

封印には、ふたつの鉄則があります。

①モノの密度を上げる

封印するときは、バラバラのモノをひとつの塊に変えます。**エリアごとに「迷うモノ」をまとめ、ひとつの袋や箱に入れます**。大きいと邪魔なので、圧縮する、重ねる、そろえるなどして1ミリでも余計な隙間を削り、できるだけコンパクトにしてください。

②「使うモノ」の邪魔にならず、かつ目が届く場所に逃がす

封印するモノを違うエリアに越境させてはいけません。必ず、エリア内のどこかに封印してください。

封印に適しているのは収納のすみのデッドスペースや、台に乗らないと手が届かない棚の上など**「ときたま目に入るけれど、収納スペースとしては活用できない場所」です。**まるっきり違うエリアや完全に見えなくなる場所はダメ。「存在は感じられる」くらいの距離感が大事です。

「封印」したら、気にしない

「封印」したモノは生活スペースを圧迫しないので、普段の暮らしを邪魔してくることはありません。**だから、封印したモノのことはもう気にしないでください。**

「1年たったら見直しましょう」なんてルールをつくると、先送りしたタスクをずっと抱え続けることになります。「封印した」という記憶がせっかく片づけの痛みを減らしてくれているのに、そこで無理をする必要はありません。

ただ、人それぞれのタイミングで「封印」を見直すチャンスはやってきます。それは、引っ越しをする、仕事が変わる、家族が増える、ペットを飼うなど、暮らしが大きく変わるとき。

つまり、次に大がかりな片づけを行うタイミングです。**封を開け、久しぶりに対面したモノを見ると、自分の執着が消えていることに気付く方が多いです。**

キッチン雑貨集めが趣味のある依頼者さまは、どの雑貨にも愛着があり大量のモノが捨てられずに悩んでいたのですが、「封印」を使って2年寝かせたところ「結局使わないんだなってわかりました」とあっさり処分することができました。

封印によって時間をおいたおかげで執着が薄れ、無理なく決断ができたのです。

封印の効果は絶大なので、やり方を守ってぜひ実践してみてください。

買い足すなら「カラボ」か「ジッパー付き保存袋」

失敗が怖いなら「カラボ」で始めよう

片づけを始める前に、張りきって家具を買いたくなるかもしれません。しかし、家具は場所をとるので、選ぶのに失敗すると痛手です。まずは手持ちの家具でしくみを見直し、しばらく様子を見てから買い替えることをおすすめします。

でも、どうしても収納が足りないこともありますよね。そういう場合に私がご提案することが多いのが、いったんカラーボックスに収納してみることです。

カラーボックスは安価で手に入りますし、ある場所で使わなくなっても必ずどこかに使い回せます。茶色だとメーカーごとに色味の差が出るので、とくにこだわりがなければ白で統一するのがおすすめです。

「ジッパー付き保存袋」は小物のまとめ役

ジッパー付き保存袋は、収納用品として超優秀だとご存じでしょうか。透明で中身が見えるし、引き出しの中に立てて収納できるので場所をとらず、とても便利です。そして何よりとってもお手頃な値段。惜しみなく使えます。

たとえば、洋服を買ったときについてくる予備のボタンや端切れはジッパー付き保存袋にまとめ、衣類の引き出しの隅に立てておくとよいです。延長コードや充電関係のグッズの収納にも役立ちます。コード類は寝かせると場所をとるので、立てて収納します。

そのほか、付箋、メモパッド、化粧品の試供品など、小さくて埋もれがちなモノは、すべてジッパー付き保存袋でまとめます。それくらい多用するものなので、片づけのためにまとめて買っておいても損はありません。

買い足すなら、必ず大きめのサイズを選んでください。細かくてバラバラになりがちな小物をまとめるのが目的なので、キャパが大きいほうが使いやすいです。

第5章

「めんどくさい」をなくす③
場所別しまい方のコツ

クローゼットのしまい方

クローゼットの「めんどくさい」はこれ

家事のなかでもダントツでめんどくさいのが、乾いた洗濯物をしまう作業だと感じます。つい後回しにしがちで、かつ、かさが高いので洗濯物の山が目に入るたび「まだ家事が終わってない……」と気持ちが晴れません。

そのため、クローゼットは第一に「洗濯物のしまいやすさ」を意識しましょう。よく着る服ほどしまいやすくするのです。そうすることで、結果的に毎日の服選びもしやすくなります。

クローゼットで「めんどくさい」をなくすために意識していただきたいことは、次の3つです。

服を詰めこまない

クローゼットはたんに服を収納する場所ではなく「今日着る服を選ぶ場所」です。だから、詰めこみすぎて何が入っているかわからない収納なんてもってのほか。

3か月以内に着る「今使うモノ」の服だけでぎゅうぎゅうになるなら、量を減らすしかありません。

減らすのが無理そうなら、収納スペースのほうを増やす手もあります。やり方はのちほど説明しますが、「収納に詰めこんでその場をしのぐ」のだけはNGです。

クローゼットまでの道のりを波乱万丈にしない

洗濯物をしまうまでの道のりに障害物はありませんか？　家具を避けたり、扉を開け閉めしたりする回数を減らすほど、めんどくささも減ります。

洗濯物を取り込んだ場所からクローゼットまでが遠い場合は、1メートルでも近づけられないか検討しましょう。依頼者さまの家では、メインのクローゼットをリビング脇の和室やほかの空き部屋に移動させる「クローゼットの引っ越し」をすることもあります。大がかりですが、そのぶんめんどくささも激減します。

しまう工程を増やさない

洗濯物をしまう工程がひとつでも増えると、めんどくさいです。

ベランダに洗濯物を干しているのなら、たたむ工程をはさまず、なるべくハンガーのまま収納する。乾燥機にかけているのなら、そのままたたんで収納する。あなたの家のスタイルに合わせて、収納の構成を考えてみてください。

また、収納する場所があちこちに分散していると、仕分けの工程が発生します。収納をまとめる、分類を大まかにするなどして、仕分けの負担を減らしましょう。

ハンガーにかかっているものからしまう

最初にしまうのは、ワンピースやアウターなどの必ずハンガーにかける服です。

服はハンガーにかかっている状態がいちばんかさばるので、真っ先に場所を確保しておかないと、入りきらなくなります。

3か月以内に着る「今使う」服のなかでも、ハンガーにかけないとシワになる素材のものから順にしまっていきましょう。

服は「かけるだけ」がいちばんラク

私の経験では、洗濯物をしまえない理由の第一位は「たたむのがめんどくさくて先延ばしにしている」です。

だから、たたむのが苦手な方は「かける収納」を増やすのがおすすめ。取り込んだ洗濯物をハンガーにかけたままクローゼットに入れるだけなので、たたむ手間が丸ごとカットできてラクです。

「かける収納」は工程がシンプルでないと本領を発揮しません。

たとえば、パンツを何本もかけられる多連ハンガーは一見便利そうですが、パンツをかけるために、すでにかかっているほかのパンツをいちいち避けなくてはならず、予想外にめんどくさいです。多連ハンガーは収納効率がいいため、「今じゃないモノ」に分けたパンツを密度を上げてしまうのには向いています。

かける収納はラクだし見やすいしでいいこと尽くめですが、唯一、かさばるという欠点があります。そのため服の量が多い方は、たたむ収納と組み合わせる必要がありますが、どうしてもたたむのが苦手なら「かける収納の増設」を検討してもいいと思います。

「かける収納」の増設方法

私は収納グッズを買い足すことをあまりおすすめしないのですが、**ハンガースペースを増やすのは手間に比べて見返りが大きいため、ご提案することが多いです。**

ハンガースペースを増設するには、バータイプのハンガーラックがいちばん手軽。買って置くだけでハンガーをかける場所が広がります。

増設する場所は「クローゼットに隣接する壁面」が基本。クローゼットと離れるとしまう場所が分散して使いにくくなるので、なるべく近くするのがポイントです。

収納量を大幅に増やしたい場合は、のちほど紹介する「クローゼット部屋のつくり方」を参考にしてください。

増設したスペースには「今使うモノ」に分けた服を、着る頻度が高い順にゆったりしまっていきます。毎日着る服がここだけで完結するように収納できると、選ぶのもしまうのもぐっとラクになります。

「丸める」という発想

デニムなどのシワになりにくいパンツは、たたむ、かけるより手間のない「丸める収納」もおすすめ。これは、クローゼット内に大きめのカゴを置き、丸めたパンツを立てて入れるだけの超簡単収納法です。

服は着たときにこそ輝くもの。シワにさえならなければ、ラクな扱い方をしてもいいと思います。

クローゼットの下の空間は収納で埋める

クローゼットの収納量は、かける収納の下にがらんと空いた空間をいかに無駄なく使うかで大きく変わります。つくりつけのクローゼットの場合だと、上にハンガー用のバーがあるだけで下は完全に空いていることが多いでしょう。

広い空間をそのままにしておくと、ちょい置きしたカバンやニット、紙袋などが少しずつ積み重なってカオスになってしまいます。そうなってから片づけるのは本当にめんどくさいので、最初が肝心です。

がらんと大きく空いた空間は、モノを収める前に、あらかじめ収納用品で区切っておきます。ハンガースペースの下に入れるなら、3段程度の引き出し収納がぴったりです。

引き出しは紙袋で区切ると混ざらない

下着と靴下のように、同じタイミングで身につける小物はひとつの引き出しにまとめると開け閉めの手間が減ってラクです。ただし、引き出し内でアイテムが混ざると使い勝手が劇的に下がるので、仕切りを入れて区切る必要があります。

ここで活躍するのが、「分ける」作業のときに取っておいた「紙袋」です。**紙袋は引き出し収納の仕切りに最適で、手で折るだけで引き出しに合わせた高さに調整**

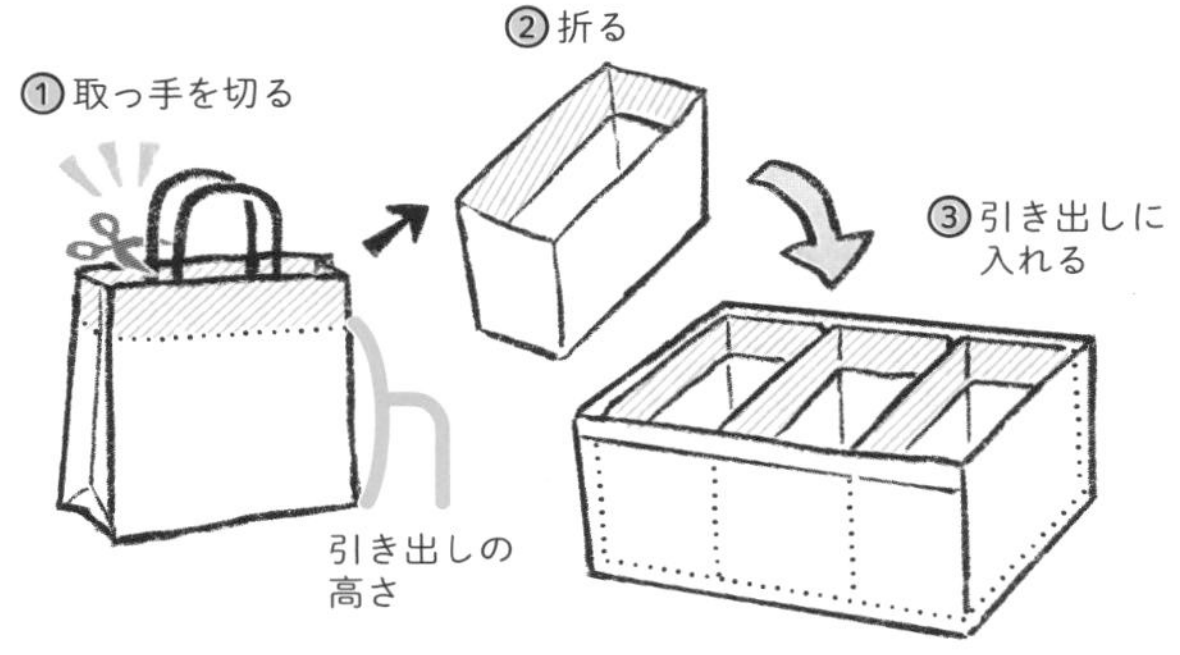

できるすぐれもの。これ以上に使い勝手のいいものはないと思っています。

仕切りの奥行きは引き出しに対してぴったりでなくてかまいません。奥側は手が届きにくいので、使用頻度の低い「今じゃないモノ」の逃がし場所として活用を。手前に「今使うモノ」、奥に「今じゃないモノ」とすみ分けができると、スペースを無駄なく使いきることができます。

紙袋以外だと、意外に活躍するのは靴の空き箱。材質も丈夫なので、浅めの引き出しを区切って靴下やインナー、下着類を入れるのにぴったりです。いくつかストックしておくと、ちょっと仕切りがほしいときに便利ですよ。

不織布の小分けケースは人気がありますが、ふにゃふにゃして自立しないので、私はあえて紙袋を使っています。

「しまいたくない服」には逆らわない

どうしても「しまいたくない服」というのは存在します。ソファやイス、ベッドの上などに放置されがちな服はありませんか?

筆頭は、脱いだばかりのアウターやジャケット。どうにもクローゼットに戻すのがおっくうで、ついどこかにちょい置きしていないでしょうか?

それは、これらが「中途半端なモノ」だからです。たとえば脱いだTシャツには洗濯カゴという明確な行き先があります。一方、脱いだジャケットはクローゼットにしまうべきですが、脱ぎたての服は蒸れていたり匂いがついていたりして、そのままクローゼットに入れたくない状態のことも多いです。あるいは単純に、帰宅直後は疲れていて、ちょっと休まないと動けない方もいるでしょう。

そもそも「しまいたくない」と感じているのに、その気持ちを無視してクローゼットまで行くのは相当めんどくさいもの。こうして、脱ぎたてのジャケットは行き場を失うのです。

ならば、そういう「しまいたくない服」を入れるための「一時置き場」をつくり

ましょう。

カゴや小さめのハンガーラック、壁掛け用のフックなどを設置して、そこに「しまいたくない服」をいったん入れます。クローゼットにしまうのは、服の湿気が抜けたり、あなたの体力が回復したりと「しまうことへの抵抗」がなくなったときでかまいません。

この方法なら、生活空間にモノが放置されず、心理的な負担も押さえられます。「一時置き場」は、脱いだあとラクに戻せる場所につくります。クローゼットまで行くのが苦でないなら、その手前に。リビングで力尽きてしまうなら、リビング内に。帰宅してすぐ処理したいなら廊下にフックを設置してもいいのです。

一度着た（でもまだクリーニングには出さない）ニットや、脱いだ（けど今夜も着る）パジャマなども中途半端で行き先がはっきりしない服です。これらも洗うタイミングまでは「一時置き場」に置いておくとよいでしょう。

アクセサリーは「置くだけ」にする

アクセサリーをたくさん持っていても、普段着けるのは同じものばかり、という方は多いのではないでしょうか。小さな物はしまいこむと見えなくなるので、毎日使うアクセサリーは平らなお皿やケースに置くだけにすると管理がラクです。

カバンはクローゼットからの追い出し候補

アクセサリーと同じく、カバンも少数を使いまわしている方が多いです。よそゆきのブランドバッグや冠婚葬祭用のカバン、旅行用バッグなどは年に数回使うタイミングで出せればいいので、まとめて別の場所に置いても不自由しません。**クローゼットのスペースが足りない場合は、「今じゃないモノ」のカバンを追い出すとよいでしょう。**

ちなみに、スーツケース内の広いスペースを活用するためにオフシーズンの服を入れたり、非常用持ち出しカバンとして使ったりしている方を見かけますが、おす

＼一目瞭然／

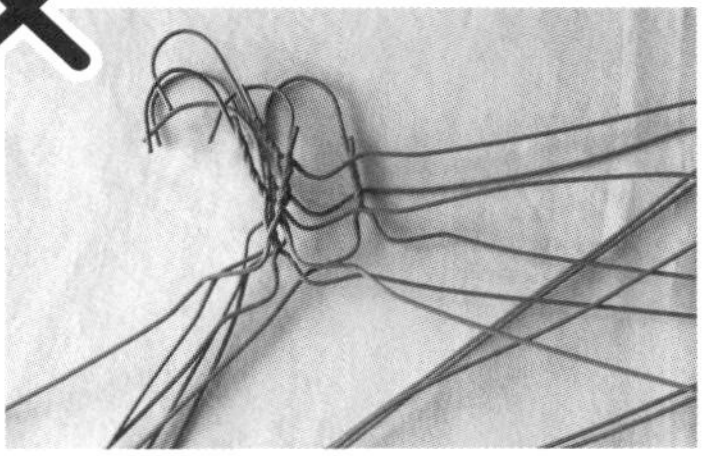

針金ハンガーは
からむ

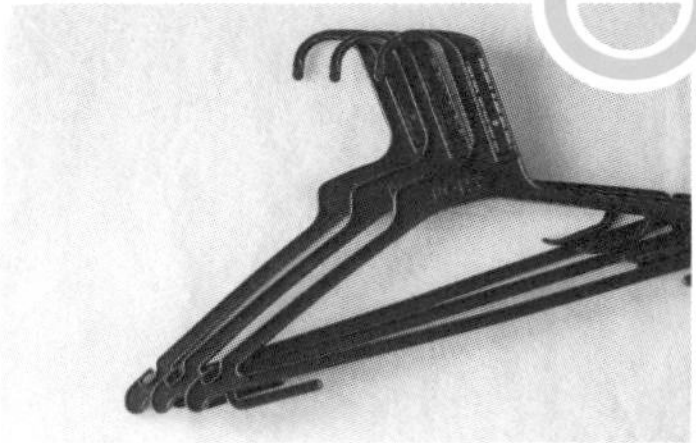

樹脂性ハンガーは
からまない

すめしません。旅行に行くたびに中身を出すのはめんどくさいし、スーツケースは非常時に持ち出すには重すぎます。

針金ハンガーだけは迷わず捨てていい

私が唯一「捨てるべき」と断言しているモノが、クリーニング店でもらう針金ハンガーです。針金ハンガーは細すぎて服の間隔が狭くなり過ぎるし、ハンガー同士がからんでとても取り出しにくくなります。今後たくさんのめんどくささを生み出すので、ここで入れ替える価値は大きいです。

高級品を使う必要はありません。**同じクリーニング店でもらえるハンガーでも、黒い樹脂製のモノは**

とても優秀。細すぎず太すぎず、ハンガー同士がからむこともなく、服をかけたときに服同士の間隔がちょうどよく空きます。

見た目が100点と言えないのが気になるかもしれませんが、いきなりお金をかけてハンガーを一新するのは危険です。要注意なのが、服がすべり落ちない特殊加工ハンガー。密度高めのクローゼットで使うと裸のハンガー同士がからんでしまい、人によっては使いにくく感じるケースもあるようです。

いいハンガーを買うなら、クローゼットのしくみに慣れてから。ジャケットの型崩れを防ぐために厚みのあるハンガーを導入する、パンツがかけやすいハンガーにするなど、目的がはっきりしていると失敗しにくいです。

衣替えは一気にやらない

理想だけでいえば、衣替えはしないのがベストです。ただ、オールシーズンの服をクローゼット内の戻しやすい場所に収納しきれるのは、よほど服が少ないか、スペースに余裕がある場合に限られます。

衣替えが避けられないなら、その労力を最小にしましょう。

労力を減らすためには「まとめる」ことが有効です。

オフシーズンの衣類は別の場所に飛び地にせず、クローゼットに収めきれるとよいです。ハンガー掛けの衣類は奥に逃がし、たたむ衣類はクローゼットの上部にある枕棚にしまうのがおすすめ。窓付きの不織布ケースにまとめると中身がわかりやすく、重さと大きさもちょうどよくなります。クローゼット内だけで入れ替えできるなら、衣替えの負担は少ないです。

スペース的に別の場所にしまわざるを得ない場合は、クローゼットとなるべく近い場所にしてください。

「洗い待ち」と「しまい待ち」の衣類の待機場所をつくると、衣替えがさらにラクになります。

衣替えで古い服をしまう前には、おしゃれ着洗いをしたりクリーニングに出したりしますよね。**そういう「洗い待ち」の衣類は、大きめの紙袋などにためておき、まとめて手入れすると効率がよいです。**

ある程度衣替えが終わったあとでも、ちょこちょこ追加で古いシーズンのものは出てきます。**それらは窓付きの不織布ケースなどにためておき、追加が出なくなったらそのまま「オフシーズンのもろもろ」としてまるごと収納してしまいましょう。**ケースひとつぶんくらいなら、分別しなくても問題ありません。

「洗濯がめんどうで衣替えしないままワンシーズン越してしまった……」という方には、宅配のクリーニングを利用する選択肢もあります。オンラインで申し込めば衣類を入れる箱と伝票を自宅に届けてくれるサービスもあり、クリーニング店に行く手間と取りに行く手間を一気に省けます。

料金はふつうのクリーニング店より高めですが、手入れせず服が劣化して着られなくなる損失を考えると、無駄な出費ではないと思います。

自立が進む、子どもの「着替えコーナー」のつくり方

ある依頼者さまの家で、お子さん専用の着替えコーナーをつくったところ「ひとりで着替えができるようになりました！」とたいへん喜んでいただいたことがあり

ます。親御さんにとって、お子さんの自立はうれしいものですよね。

子どもは日に日に成長していくもので、着替えやすいしくみをつくって後押しすれば、大人が手を貸さなくても行動できるようになります。

ただし、子どもが「自分でやろう」という主体性を持つためには、「ここは自分の場所」と思える仕掛けが必要です。

まず重要なのが、場所選び。子どもの個室でもいいのですが、見守りが必要な時期は親御さんの目が届きやすいリビングの一角にあったほうが便利です。

次に服の量を絞ります。子どもはまだ手先が器用ではないため、大人の収納よりゆるく入れておかないとうまく取り出せません。1週間以内に着る服だけを選抜し、子どもの目線で腕を伸ばして取りやすい高さの収納に入れましょう。子どもは目線の高さが大人と全然違うので、ここは気を配る必要があります。

いちばんラクなのは、棚やハンガーラックなどのオープン収納です。引き出しにする場合は、子どもの力で引き出せる軽いものがいいですね。

引き出しの段が多いと着替えのたびに何度も開け閉めすることになり、めんどくさいです。シンプルに3段でボトムス／トップス／靴下・下着・肌着、と分けると、どこに何があるか把握しやすく、ひとりで着替える習慣づけを後押しできます。

「クローゼット部屋」のつくり方

今あるクローゼットだけではどうにも衣類が収まらない、だけど量を減らすのも無理！　あるいは、家族の個室にクローゼットが分散していて、洗濯物をしまうのがめんどくさすぎる！　という場合。**思いきって空き部屋や納戸をまるごと「クローゼット化」するのも手です。**

大がかりにはなりますが、市販の衣類収納ラックを使うと、壁面を丸ごと天井近くまでクローゼット化することができます。

いろんな商品を使ってきましたが、今のところディノスの「ウォークイン突っ張りハンガー　幅111～200㎝・ハイタイプ」がベストだと思っています。かなりのお家でこれを導入して、クローゼットをつくってきました。使用すると、何もない壁面に左のページのような大容量の収納をつくりだせるのです。

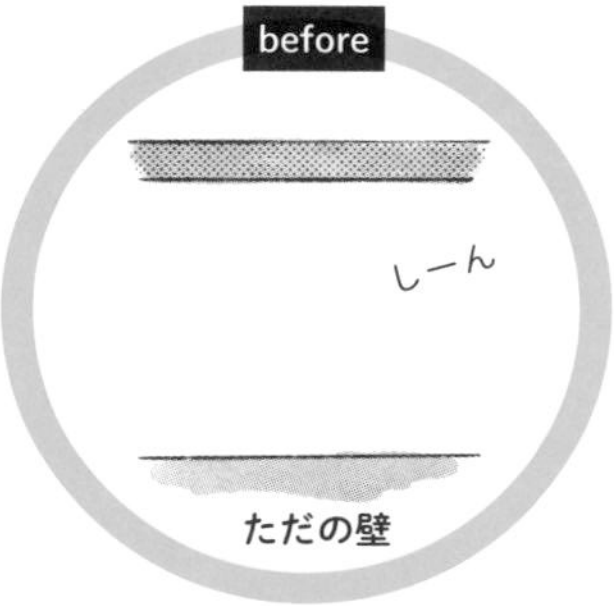
before
しーん
ただの壁

クローゼット化の例

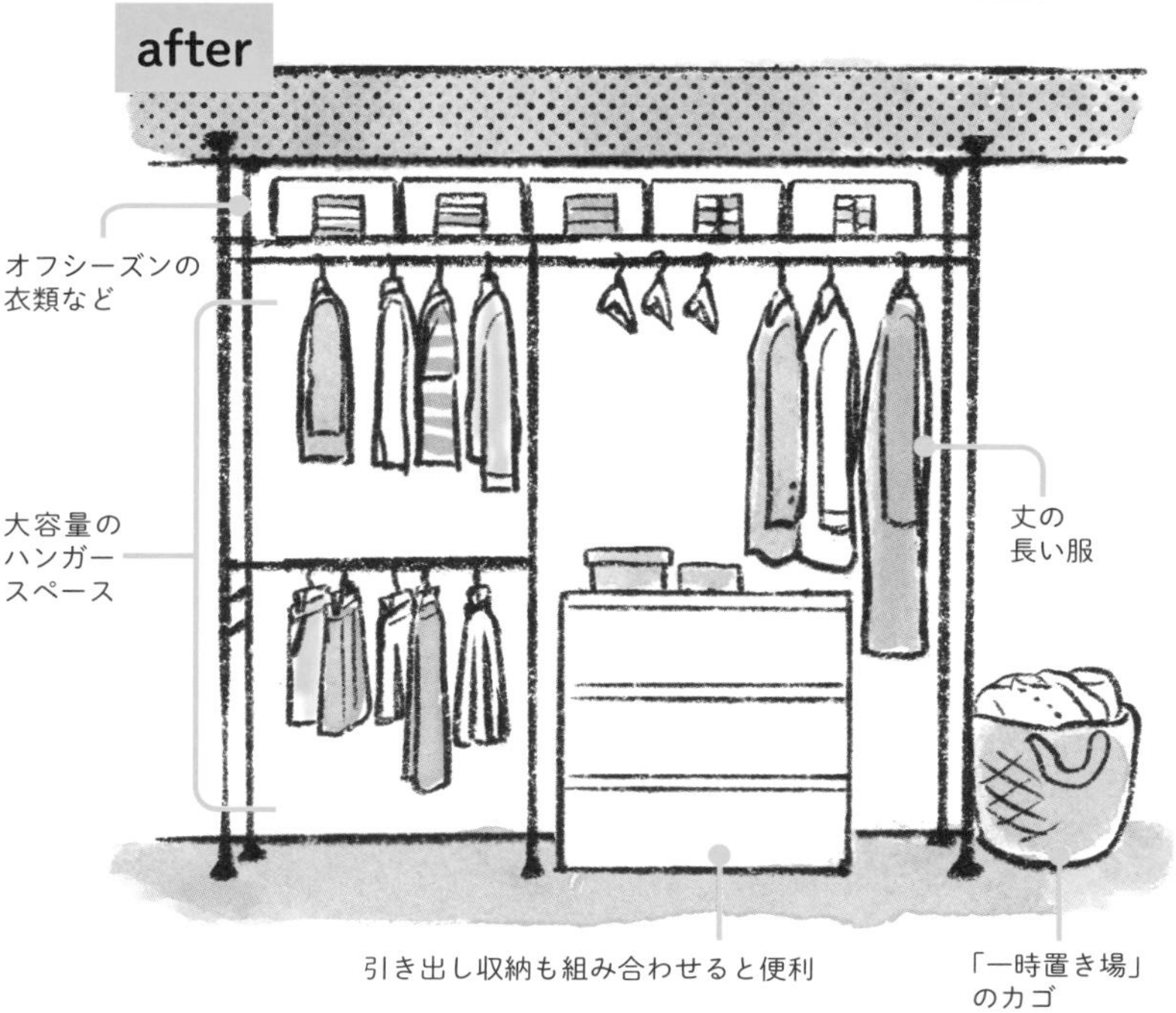
after
オフシーズンの
衣類など
大容量の
ハンガー
スペース
丈の
長い服
引き出し収納も組み合わせると便利
「一時置き場」
のカゴ

天井と床をつっぱることができない和室の場合は、高さ180センチのメタルラックを置くのがおすすめです。

押入れをクローゼット化する場合のポイント

和室の押入れを衣類の収納に使うこともできます。

備え付けのクローゼットが狭い場合や、ベランダから和室が近く、洗濯物をしまうのに便利な場合は、和室の押入れをクローゼット化してもよいでしょう。

クローゼットと押入れで構造は違いますが、めんどくささをなくすという点で考えることは変わりません。

その視点でいうと、ふすまを外すと大きく手間が省けます。 ふすまがないと服をいっぺんに見渡せますし、収納ケースを入れる際も奥行きを気にする必要がありません。中が見えるのに抵抗のある方には、カーテンやロールスクリーンをつけることをおすすめします。

押入れの中で、モノを戻しやすいのは上段です。ここは一等地なので、奥まで有効活用することを考えましょう。手前にハンガーラックを入れ、服をかけるスペースを確保しても、奥にまだ20センチ程度の空きがあるはずなので、可能であればカラーボックスなどの棚を入れて空間を埋めます。ここには「今使うモノ」のなかでも比較的使用頻度が低い服や、大きくて取り出しやすいカバンなどを入れるのがおすすめ。

押入れの下段は奥に手が届きにくいので、引き出し収納を入れると奥行きが無駄になりません。引き出し収納の場合、かがまずに手が届く上段がもっともモノを戻しやすいです。

クローゼットでの「封印」のやり方

さて、「使うモノ」の収納が終わったら、残るは「迷うモノ」の封印です。

まずは、使うモノが使いやすく収まった今の段階でなお、「迷うモノ」を「手放したくない」と思うかどうかを、必ず見直してください。

最終的に手元に残ったモノは、量に関係なくすべて封印します。洋服は圧縮するとかさが減るので、封印してもあまり場所を取りません。

ポイントは、やわらかい袋に入れること。やわらかいと変形できるので、空きスペースに合わせて無駄なくしまうことができます。やわらかければ、袋の種類はなんでもいいです。ビニール製の圧縮袋や、不織布ケースなど、家にあるものを使いましょう。

封印する場所は、基本的にはクローゼット内のデッドスペースです。奥のほうやすみのほう、台に乗らないと手が届かない枕棚の上など、「ときたま目に入るけれど、収納スペースとしては活用できない場所」が最適です。

キッチンのしまい方

キッチンの「めんどくさい」はこれ

キッチンは、モノの出入りがもっとも激しい場所です。その循環をよくすることが、生活のしやすさを左右します。

キッチンで「めんどくさい」をなくすために意識していただきたいことは、次の４つです。

●食品を詰めこまない

レトルト食品や乾物など常温保存の食品を収納に詰めこみすぎると、使いたいときに見つからないばかりか、在庫があるのに買い足してしまい、さらにぎゅうぎゅうになっていきます。

●余白を埋めきらない

モノを出し入れしやすくするには収納空間に「余白」が必要です。余白がないと、手がどこかに当たったり、モノが引っかかったりしてストレスになります。

●背伸びしない、しゃがまない

キッチンで見落としがちなのが「縦方向の移動のめんどくささ」。思っている以上に、体の曲げ伸ばしはめんどくさいです。「今使うモノ」は、背伸びしたりしゃがんだりせずに戻せる場所に収納しましょう。

●同じカテゴリのモノを飛び地にしない

たくさんのモノを扱うキッチンでは、「食品はここ」「食器はここ」と場所を固めるのが絶対。同じカテゴリのモノを飛び地状に収納すると、入れた自分でさえどこに何を入れたかよくわからなくなります。まして家族には使いこなせません。

「使ったらなくなるモノ」からしまう

何より先に確保してほしいのが、常温保存の食品や、スポンジ、洗剤などの「使ったらなくなるモノ」をしまう場所です。

これらは「使ってナンボ」のモノですが、在庫が把握できていないと知らぬ間に賞味期限が切れたり、劣化したりして、廃棄するはめになります。

在庫はまとまっていること、見やすいことが大事です。在庫をまとめると確認がラクになりますし、新しく買ったモノを入れる手間も減ります。両開きの棚や背面収納の大きい引き出しを、大きめのケースでざっくり区切ると見やすいです。

「使ったらなくなるモノ」をすべて収納に収めきった段階で、２割くらいは空きスペースがあるようにしてください。ゆとりがないと、セールなどでまとめ買いしたとたんにモノが入りきらなくなり、収納のしくみがまわらなくなります。

今後は「収納に収まる範囲以上は買わない」と決め、収納のキャパに合わせて管理することをおすすめします。

深い引き出しの区切り方

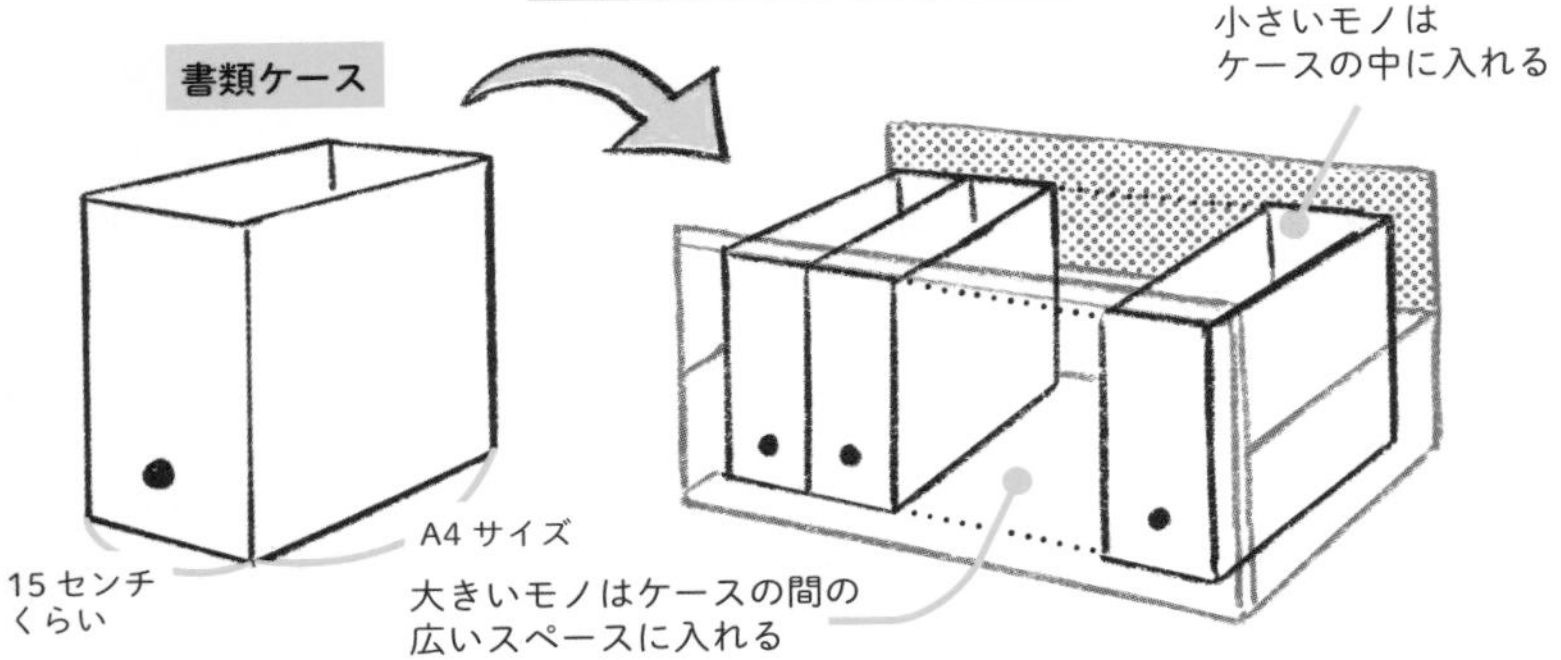

広い空間は区切って使う

シンク下やコンロ下のガランと開けた収納は、中の空間をそのまま利用せず、収納用品で区切ってください。

● 引き出し収納の場合

引き出しは、開け閉めの衝撃で中身がシャッフルされ、ぐちゃぐちゃになりやすいです。**それを防ぐために、引き出しと同じ高さの仕切りで空間を区切ります。**ポイントは、仕切りの高さ。背の低い仕切りだと、モノが仕切りを飛び越えてしまうので、引き出しの上のほうまで届くものがよいです。

仕切りは家にあるケースや缶、カゴなど、手持ちのモノで大丈夫。新規で買う場合は、深い引き出しひとつあたりA4書類ケースを3～4個が目安です。

扉付き収納の区切り方

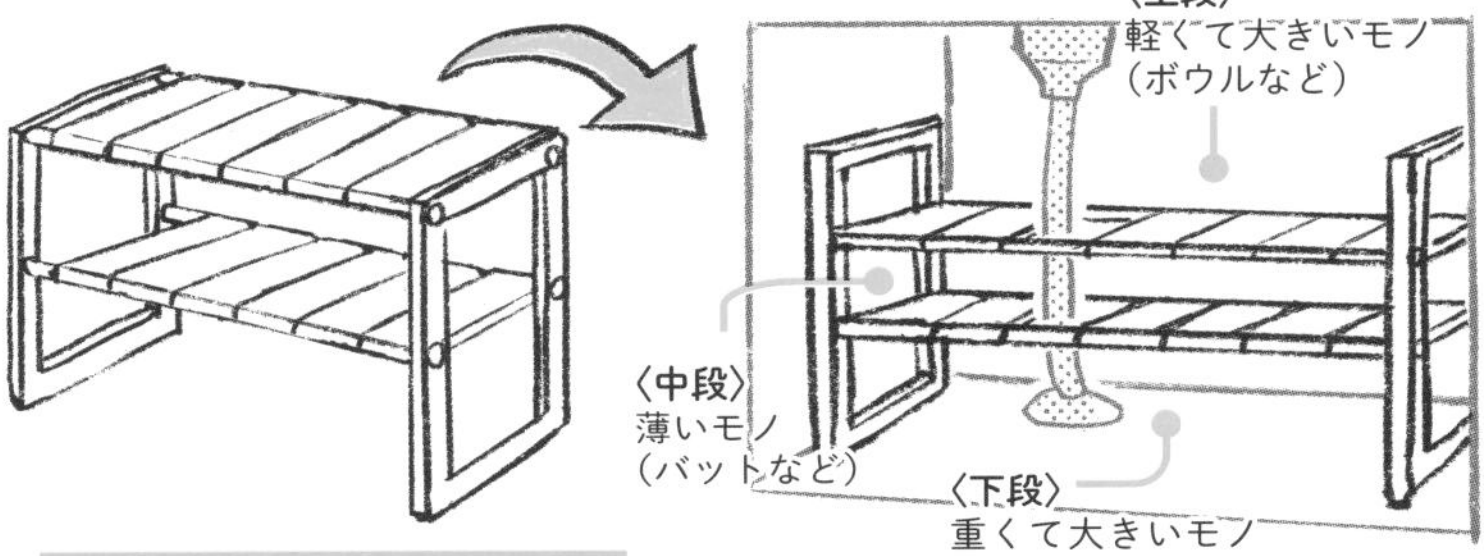

ニトリの「シンク下 収納ラック」

●扉付き収納の場合

観音開きの扉がついた大きい収納は、奥の方が見にくく、空間の高さが活かしにくいという弱点があります。

この弱点は、中に棚を入れることで解消できます。棚を使えばスペースを無駄なく活用できますし、棚板によってモノの上部に余白ができるので、奥まで目線が通るようにもなります。

私が現場でよく使うのは、ニトリの「シンク下 伸縮ラック」。幅や高さが変えられるし、配管を避けて棚板を動かせるので、その家の収納スペースに合わせて最大限に使いやすく調整ができます。

３段ラックなら、真ん中の段を薄く、上下段を広くとってメリハリをつけるとモノのすみ分けがしやすいです。上段には軽いモノ、下段には重い鍋などを入れるとバランスが崩れません。

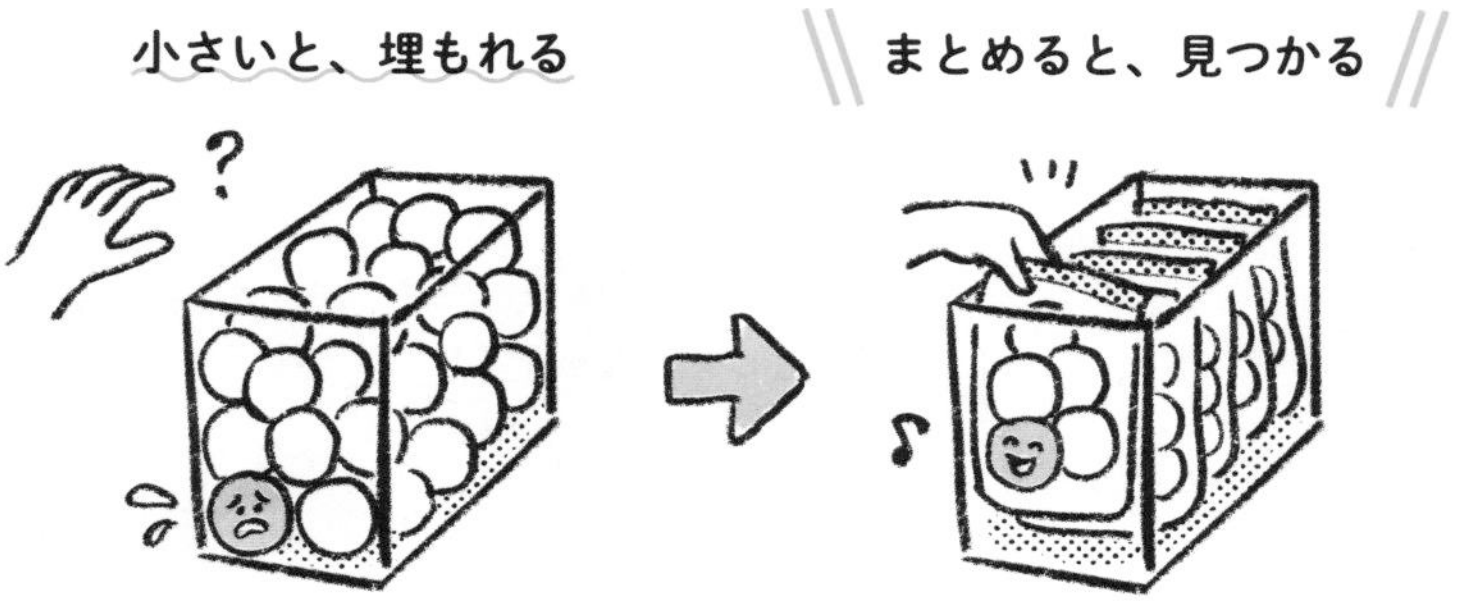

小さいモノは「同じ大きさでまとめる」と埋もれない

小さいモノは収納の中で埋もれやすいので、要注意です。**あるあるなのが、使いかけで小さくなった片栗粉の袋がいくつも出てくる家。**

粉ものや砂糖・塩のストックは大きめのジッパー付き保存袋やケースにまとめて、存在感を増してあげると埋もれにくくなります。

袋入りのスパイスのストックなど、小さいパッケージがたくさんある場合や、スポンジなどのばらけやすいモノは、**同じ大きさのモノをまとめて、ひとつの大きい塊にすると在庫がわかりやすいです。**

いっそ「しまわない」という潔さ

使用頻度がすごく高いモノには、「しまわない」という選択肢もあります。

毎日飲むコーヒーやティーバッグ、サプリメントなどを３６５日出し入れするのはめんどうなので、出しっぱなしにしてもいいと思います。出しておくのは、使う場所の近くです。飲み物系なら電気ポットのそばに、パンならトースターの近くに置いてあげると、飲んだり食べたりするまでの手間が最小になります。

食器こそ「今か、今じゃないか」が大事

依頼者さまの家では、ホームパーティーでしか使わない大皿のような「今じゃないモノ」が収納のいい場所に陣取っているのをよく見ます。使用頻度と関係なく「和食器・洋食器」や「大・中・小」といった分け方をしてしまうと、普段使いの食器とめったに使わない食器が混ざってしまうんですね。

そこで思い出してほしいのが、ここまでずっと考えてきた「今か、今じゃないか」

の基準です。**毎日、毎食使う「今使うモノ」の食器ほど優遇していただきたいのです。**たまにしか使わない食器や、予備の食器は「今じゃないモノ」なので、扱いを下げて奥まった場所にしまいます。このメリハリがとても大切です。

大きい食器は「届くように」、小さい食器は「見えるように」しまう

3か月以内に使う「今使う」食器は、最優先で戻しやすい場所にしまいます。「大は届くように、小は見えるように」場所取りをすると、使いやすいです。

大きい食器は一部が見えれば識別できるので、手が届くなら多少見えにくい場所にしまってもかまいません。目線より上、もしくはかがんで取れる低い位置が狙い目です。

小皿や小鉢のような小さくて種類も多い食器は、全体を見渡して選びたいですよね。だから目線より下の、手元に近い位置にあると見やすいです。

高さがある食器は、上に余白をとる

食器棚の棚板は、ギリギリまで下げず、上部に余白を残してください。とくに、丼やコップなど背の高い食器は、出し入れするとき大きくかたむくので、棚板が近いと毎回ガチャガチャ当たって戻すときのストレスになります。

余白の目安はその食器ひとつぶんですが、実際に試してみたほうが確実。素早く何度か出し入れてみて、手や食器が当たらない高さに調節してください。

余白をつくると収納効率が下がってもったいないと思うかもしれませんが、それ以上にストレスや食器を割ってしまうリスクを減らすことができます。

よく使う食器は「使うシーン」でまとめる

使用頻度が高い「今使う」食器のなかでも「毎日必ず使う」メンバーがいると思います。

そういう食器は、「使うシーン」でまとめると便利です。たとえば朝食は、パンとサラダとスープなど、毎日のメニューが固定されている家も多いはず。その場合、使う食器もだいたい決まっているはずなので「朝食セット」として1箇所にまとめるのです。引き出しなら同じ段に入れるだけ。食器棚なら、観音開きのどちらか片方側にまとめるだけで、出し入れ時のめんどくささがなくなります。

ある家で、朝食で使うパン皿／スープ皿／マグカップ／カトラリー／コップを浅い引き出しにまとめたところ「朝食の準備がすごくラク！」と感動していただきました。それだけでなく、後日「頼んでないのに、子どもがとつぜん、お手伝いをしてくれるようになったんです！」とうれしい続報までいただいたのです。

しくみを変えると、人の行動も自然と変わります。ラクに出し入れできるしくみが、お子さんの行動を変えたんですね。

調理器具は「使う場所のそば」に置く

調理器具の収納は、使う場所の近くに寄せるとうまくいきます。**料理中は手が離**

せないことも多いので、キッチン内での移動距離は少ないほどいいです。

たとえばざるやボウル、ピーラーなどはおもにシンクまわりで使いますよね。だからシンクに近い収納にあると、スムーズに動作に入れます。

同じ理由で、鍋やフライパン、お玉、フライ返しなど、コンロの近くで使う調理器具はコンロのそばにしまうのがおすすめです。

フードプロセッサーやホームベーカリーなどの調理家電は、重くて持ち歩くのがおっくうなので、コンセントのそばに置きましょう。

「今じゃないモノ」はセットにする

３か月以内に使う予定がない「今じゃないモノ」は、「来客」や「季節のイベント」など使うタイミング別でセットにしておくと欲しいときにすぐ出せて快適です。

しまう場所は、吊戸棚や収納の奥など「今使うモノ」を圧迫しない場所です。「何のセットが入っているか」を忘れないように、中が見える透明なケースに入れるの

「今じゃないモノ」セットの例

来客セット 来客用のカップ＆ソーサーや茶托、ポットなど

パーティーセット ホームパーティーで使う紙ナプキンや紙コップ、紙皿など

お弁当セット お弁当箱、お箸、アルミカップ、つまようじ、型抜きなど

製菓セット ケーキ型、クッキー型、ハンドミキサーなど

お正月セット 重箱、巻きす、祝い箸など

がよいでしょう。私のおすすめはニトリの「吊戸棚ストッカーNブランM」。たっぷり入るサイズ感と、取っ手付きで取り出しやすいところがポイントです。

キッチンでの「封印」のやり方

最後は「迷うモノ」の封印作業です。封印前には必ず見直しを行い、手放せるモノを除く作業をお忘れなく。

キッチンのモノを封印する場所は、キッチン内のデッドスペースです。

・シンク下収納・コンロ下収納・背面収納のいちばん奥
・手が届かない高い位置
・L字キッチンやコの字キッチンの収納のすみ　など

キッチンの封印の例

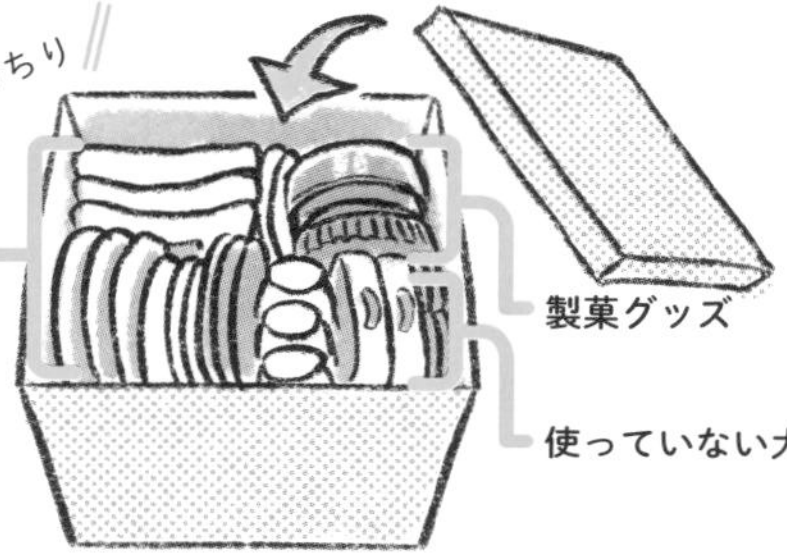

封印の基本は密度を上げることです。食器は割れないよう必要なら間に紙などをはさみ、隙間なく重ねてケースに詰めます。家電は関連パーツがバラバラにならないように、透明のビニール袋でぴっちりとくるみましょう。不透明のビニールだとパッと見で中身がわからないので、透明ビニールにするのがポイントです。

封印するモノをキッチン以外のエリアに移動するのはやめてください。ふだんは存在を忘れていてもかまいませんが、次に収納のしくみを見直すタイミングで「そういえばこんなモノあったな」と思い出してほしいからです。ただし、流しそうめんセットやホットプレートのように大きくて存在感があるモノは目立つので、別の場所に封印してもかまいません。

リビング・ダイニングのしまい方

リビングの「めんどくさい」はこれ

リビングでは、過去を切り捨てることで「めんどくさい」をなくせます。

リビングは家族が集まり、リラックスして過ごす場所です。家族と一緒にモノも集まってくるのですが、モノの量が多すぎるとリラックスできなくなります。

リビングで「めんどくさい」をなくすために意識していただきたいことは、次の3つです。

「過去」のモノを置かない

リビングは、もう見ない書類や思い出の品などが無限にたまる場所。3か月以内に使う「今使うモノ」か否かを見極めることで、リビングのモノの量を大幅に減らすことができます。

モノを飛び地で置かない

多目的スペースであるリビングには「食事に関するモノ」「仕事のモノ」「おもちゃ」「趣味のモノ」など、用途の違うさまざまなモノが集まってきます。それらがあちこちに飛び地で置かれると、取りに行く手間や探し回る手間が発生します。

家族の「イライラのもと」をつくらない

リビングにいる人は「くつろぐ」「家事をする」「遊ぶ」など、それぞれ違う目的をもっています。でも、家事をしているときにくつろいでいる人がいたら邪魔だし、くつろいでいるときは遊んでいる人が邪魔です。

リビングは多目的スペースですが、同じ場所で同時に違う目的を果たそうとすると必ず誰かがイライラします。そうならないために、目的別にすみ分けることができるような工夫が必要です。

「居場所」と「通り道」をずらす

「リビングが散らかっている」と感じるのは、モノが多いせいだとは限りません。同じくらいモノが散らかっていても、家族間でギスギスする家としない家があります。

その違いは、「居場所」と「通り道」が重なっているかどうか。

くつろぐための「居場所」と、移動するための「通り道」がかぶると、通行のたびに「イラッ」が発生してしまうのです。

たとえば好きなテレビ番組を見ているときに、目の前を何度も洗濯カゴを持った人が横切ったらどうしてもイラっとしてしまいますよね。逆に、洗濯物を干すのに忙しいのに、目の前で寝っ転がってダラダラしている人がいてもイラっとするはずです。こうして「ちょっと、どいて！」ときつい言葉が飛び交うこととなります。

だから、お互いの「居場所」と「通り道」がケンカしないしくみが必要なんです。

私が依頼者さまによくご提案するのは、「ラグマットでエリアを区切る」こと。

ソファ周りのくつろぎエリアや、子どもが遊ぶキッズスペースなどの「居場所」

エリアにマットをしいてみてください。ふしぎと「このエリア内からはみ出さないようにしよう」という意識が働き、行動範囲が限定されます。

マットをしいてみて「通り道」が狭くなってしまったら、通行を邪魔しない位置にエリアをずらして調整しましょう。

くつろぎエリアにしくマットは「大人が手足を伸ばせる」サイズがあると、横になったり筋トレをしたりしてもはみ出さず、のびのび過ごせます。

キッズスペースのマットは小さめでも大丈夫。子どもって秘密基地が大好きですよね。子どもにとっては、広さよりも「ここは自分だけの場所」というワクワクする気持ちのほうが大事なのです。

「居場所」と「通り道」をずらすとどれくらい家の快適度が上がるのかは、次のページの図でも説明します。

スイ〜と通れる家とイラッとする家の違い

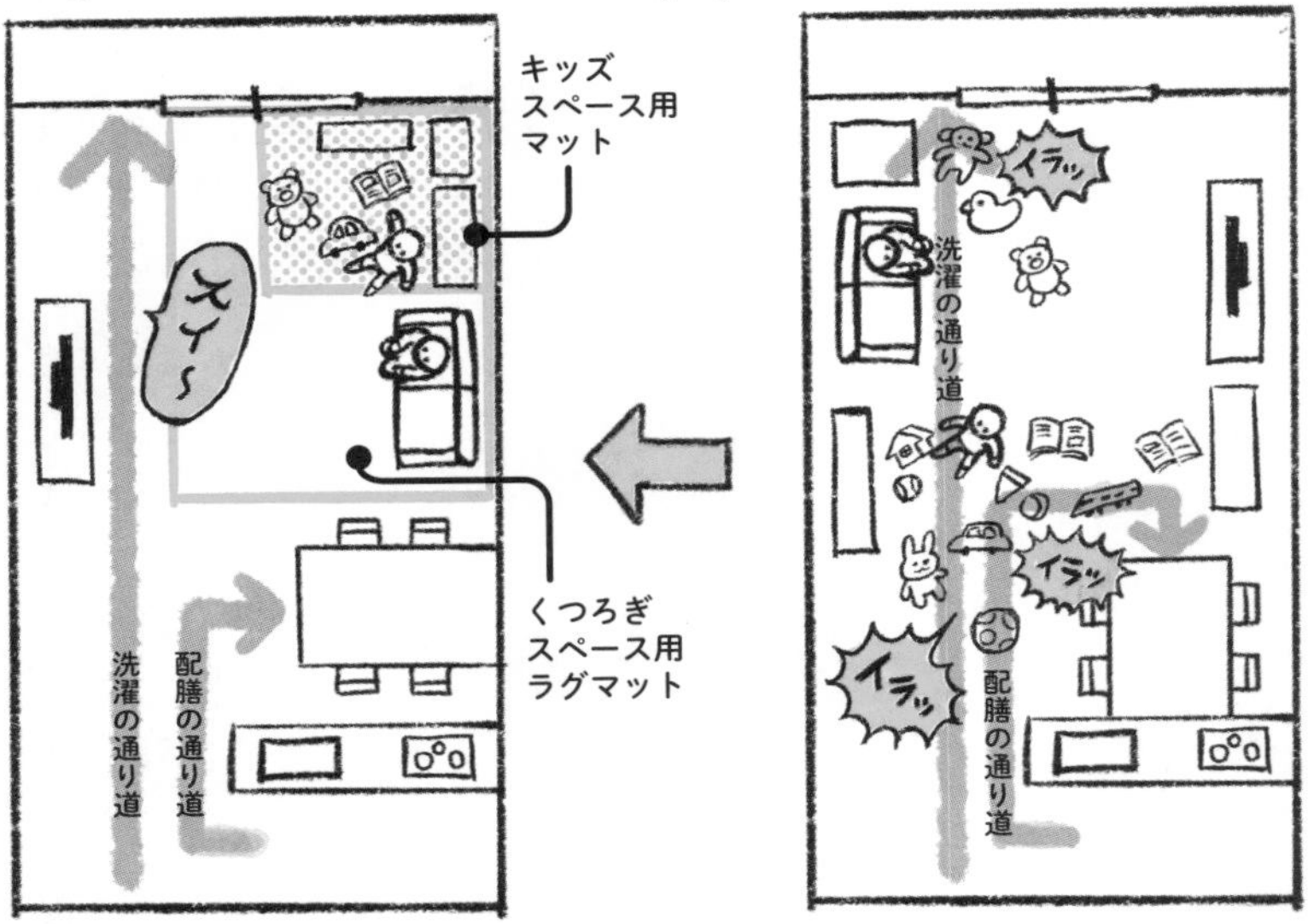

ラグで居場所が区切られ、通り道を邪魔するものがない。家族それぞれがリラックスして過ごせる。

居場所が部屋じゅうに広がり、人とモノが通り道をふさいでいるせいで何をするにもストレスがたまる。

「ごちゃつく場所」は目線から外す

リビングにモノが集まるのは避けられません。「モノを減らす」のにも限界があります。

それならいっそ、発想を転換して「片づけきる」よりも、「気にならない状態にする」ことを目指しましょう。**つまり「多少モノが戻せていなくても気にならない状態」にするのです。**

気にならなくするには、視界に入れないのがいちばんラクです。

リビングでごちゃつきやすい場所の代表が「キッズスペース」と「本棚」です。部屋に入った瞬間や、ソファやテレビの前などのくつろぎエリアに座ったとき、これらが視界に入ると「ああ、散らかってるな……」と気になります。

人間の視界というのは案外狭いもので、ごちゃつく場所を視線の正面からずらすだけで気にならなくなります。大掛かりな模様替えをしなくても、数十センチの移動だけでじゅうぶん印象は変わりますよ。

これは個室でも同じ。子ども部屋の場合、本棚や収納棚を入り口の正面から見える範囲に置かないだけで、散らかった印象が薄まります。

「個人のモノ」は自分で管理してもらう

すでにお伝えしているように、リビングには家族のモノが集まってきます。モノが増えてくると「ちょっと、これ邪魔なんだけど！」と注意したくもなるでしょう。でも、注意しただけでは、人はなかなか言うことを聞いてくれません。**そこでおすすめなのが、リビングに「個人ボックス」をつくること。**

メイクグッズや、大人のテレワーク道具、子どもの勉強道具など、リビングに置いておきたい個人のモノは、人別にボックスを作って、持ち主に管理してもらうのです。ボックスは、スペースが限定できれば箱でもカゴでもかまいません。それを棚などに入れるだけで、しくみは完成です。

責任の所在が曖昧な共用スペースだと「誰かが片づけるだろう」とサボってしまう人でも、自分のスペースが限定されると管理できるようになることが多いです。

一方的に「こうしたからよろしく」と通達するよりも、「あなたのモノをまとめて置きたいんだけど、希望はある？」と構想段階から巻き込んだほうが乗り気にさせやすいですよ。

リビングで収納を増やすなら、オープン棚一択

ダイニングテーブルまわりは収納が足りていないことが多いです。テーブルの上に行き場のないモノがたまるようなら、それらを受け止める収納を増設してもいいと思います。

高い収納家具を買う必要はなく、カラーボックスでじゅうぶん。むしろ、扉のないシンプルなオープン棚の方がめんどくさくありません。キッチンカウンターの下やテーブル近くの壁面など、ダイニングテーブルから近い場所に置くと、使い勝手がよいです。

書類は「保存」か「対応」かで扱いを変える

書類はすべて1箇所に収納し「ここになければどこにもない」と確信できるようにしましょう。書類を細かく分類してバラバラにしまうのは絶対NGです。

契約書や保証書のような「保存」が必要な書類は、「存在している」ことが重要なので、ばらけないようにケースにまとめて収納します。細かく分類する必要はありません。

振込用紙など「対応」が必要な書類は「忘れない」ことが重要なので、目に入る場所に出しておきます。依頼者さまの家では、冷蔵庫の扉や、ダイニングテーブルのそばに設置したマグネットボードに貼りつけることが多いです。枚数が多い場合は「人別」にまとめるとわかりやすいですよ。

文具は「デスク系」と「荷造り系」に分ける

文具のようにモノの出入りが多く散らばりがちなモノは「使う場所」のそばに置

くと戻せるようになります。

ただ、ひとくちに「文具」といっても、実は使う場面はふたつに分けられます。ひとつは、書類にかかわる「デスク系」。ペンや消しゴムなどの筆記具や、クリップやホチキスなどがこれにあたり、作業場となるダイニングテーブル付近に置くのが便利です。

もうひとつは、ガムテープやカッター、ハサミなどの「荷造り系」。これは段ボールを束ねたり荷物を開封したりするときに使うので、廊下や玄関に近い場所に置くといいでしょう。

爪切りや耳かき、ハンドクリームなどのケア用品も散らばりやすいので、家族がいつも使う場所の近くに置き場所を移動させることをおすすめします。

メイクグッズは「今使うモノ」だけリビングに残す

片づけの仕事を始めてわかったのですが、リビングでメイクをする方は意外に多いです。そして、リビングにメイクグッズや使い捨てコンタクトレンズが散らばっている確率もかなりのもの。こまごましたメイクグッズがテーブルに散らばっていると、食事やその他の作業に大変不便です。

メイクグッズはどうしても量が増えがちなので、リビングには「今使うモノ」だけを残し、「今じゃないモノ」は洗面所などに逃がしましょう。

メイク用品は直接肌に塗るもので、時間とともに劣化します。「封印」は行わず、古いものは捨てるようにしてください。

リビング学習のモノはどうするか?

子ども用の個室があっても、勉強はリビングでする家も多いですよね。親の目が届くので、自宅学習のスタートにはリビングが安心だと思います。

ただ、そうなるとリビングにすべての学習アイテムが集まって、ごちゃごちゃしてしまいがちです。

基本的に、リビングはあくまで「出張所」。**リビングに置くのはA4の書類ケースひとつ程度の「今使う学習アイテム」だけにして、使い終わったプリントや教科**

書は個室に移動させてるとごちゃごちゃしません。学習アイテムがコンパクトにまとまると、モノの紛失も防げるし、勉強の効率も上がっていいこと尽くめです。

「思い出」はひとつの塊にする

リビングには「思い出アイテム」も集まってきます。

でも「思い出」は過去のモノ。ちゃんと残しておきたいけれど、生活のメインスペースを圧迫するのは避けたいですよね。

思い出アイテムは、動きがある／ないで大きくふたつに分けられます。

まず、大人の思い出アイテムはほとんど動きがありません。古い写真や手帳、学生時代の思い出の品、卒業アルバム、結婚式でいただいたご祝儀袋など……。すでに「思い出」として完成していて、見返す機会もそう多くないものばかりです。

これらはひとつの箱に密度をあげて詰め込み、デッドスペース（押入れやクローゼットの奥、納戸など）にしまいます。「封印」と違って保存すること自体が目的なので、しまう場所はリビング内でなくてもかまいません。

動きがある思い出アイテムの代表は、お子さんの品です。お子さんの成長とともに思い出の品も増えていくので、余白がたっぷりある大きめの箱にまとめ、アクセスしやすい場所に置いてください。

「イベント関連のモノ」は大きくまとめる

ハロウィンやクリスマス、誕生日に使うオーナメントなどは、1年に1回しか使わないモノも多く、何を持っていたかさえ忘れることがあります。

こういったイベント関連のモノは、誕生日／ハロウィン／クリスマス、とイベントごとに袋に分けたうえで、さらに「イベント関連のモノ」として大きい袋や箱にまとめます。大きくまとめると行方不明になりにくく、しまいこんでもすぐ見つかるようになります。

何を持っていたか詳細を忘れてしまっても、「この中には必ずある」状態にすれば、イベントのたびに「あれがない、これがない」と慌てずにすみます。

リビングに「封印」するモノはない

リビングのモノは基本的に封印しません。

リビングは家族のモノが集まってくる場所で、リビングにしか居場所がないモノはごくわずかだからです。

リビングの仕分け作業で出た「迷うモノ」は、持ち主の手元に戻したうえで個室に封印してください。

キッズスペースのしまい方

キッズスペースの「めんどくさい」はこれ

キッズスペースづくりのゴールは、大人が口や手を出さなくても、子どもが「自分の場所」を管理できるようになること。そのためには、子どもが「ここは自分のための場所」と認識できる、基地のようなスペースにしてあげる必要があります。

キッズスペースで「めんどくさい」をなくすために意識していただきたいことは、次の3つ。

●スペースを広げ過ぎない

キッズスペースに広さは必要ありません。広すぎると管理がめんどくさいですし、子どもにとっては広いスペースより「ワクワクできる基地感」があることのほうが重要だからです。むしろ、少し狭いくらいのほうが遊びに集中しやすい面もあります。

おもちゃの量＝満足度だと思わない

おもちゃの量と、子どもの満足度は比例しません。大事なのは「遊びの質」です。お気に入りのおもちゃがすぐ見つかることや、マイブームの遊びを快適に展開できることを目指しましょう。

大人の都合を押しつけすぎない

キッズスペースは「子どもの基地」です。大人の「こうしてほしい」という意図よりも、子どもの遊びやすさを優先してください。

子どもの手が届きやすいか、子どもの不器用さでもラクに扱えるかといった「子ども基準」は意外と忘れがちですが、これをしっかり意識して作業すると、お子さんの喜びかたが違いますよ。

キッズスペースを「基地」にする方法

「子どもが片づけられない」「おもちゃがリビング全体に広がってしまう」とお悩みのご家庭では、お子さんのおもちゃ置き場や文具、絵本などをしまう場所がリビングの各所にあり、リビング全体が遊び場になっていることが多いです。

だから「ここにおもちゃを置かないで」と言われても「リビングは全部遊び場じゃないの……?」とピンときません。

キッズスペースは、大人のスペースの一部を分け与えるのではなく、狭くてもいいので「子ども専用のスペース」にしてあげましょう。

おもちゃ、文具、絵本など子どものモノをすべて1箇所に集めると、子どものなかに「ここが自分の場所」という認識が生まれます。すると、その場所を大切にしたい気持ちが自然と芽生え、それが自分で片づけるきっかけにもなるのです。

大人のスペースとの区切り方

子どもだけのスペースを演出するには、物理的に区切るのが手っ取り早いです。リビングの項でもお話ししたように、ラグマットを敷くだけでもじゅうぶんエリアを区切る効果はあります。そこに収納ラックや棚を置けば、そこはもう独立した子どもだけのスペースです。

さて、ここで少し視点を変えます。私が子育て世代の依頼者さまによくお伝えするのが「この家に、大人がくつろぐ場所はありますか？ 育児でなかなかくつろぐ時間が取れないからこそ、意識してそういう場所をつくりましょう」ということです。すると「私、リビングでほぼ座ってないかも」とハッとされる方の多いこと！

ついお子さんを優先してしまいますが、家には大人が休める場所も必要です。

キッズスペースはリビングにあることが多いですが、大人がくつろぐ場所とキッズスペースが重ならないようにするだけで、あなたの快適度が変わります。

子どもの目線でつくるコツ

子どもの目線は大人が思っているよりずっと低く、腕は短く、力は弱いです。このことを忘れると、子どもの手が届かない収納や、重くて開けられない引き出しをよしとしてしまいます。

キッズスペースをつくるときはまずしゃがみ、子どもの身長に目線を置いて「そこから何が見えるのか」「どこまで手が届くのか」「どのくらいの重さなら運べるのか」をたびたび確認してみてください。

子どもは大人よりさらに「めんどくさい」への耐性が低いので、収納のしくみも、極力シンプルなものがいいです。おもちゃの収納は、ポンポンと「入れるだけ」で片づけが完了することを基本にします。棚の中に背の低いカゴを入れると、狭いスペースでも効率よく使えますよ。

箱を重ねる収納はおすすめしません。箱の持ち運びは、子どもには大変すぎます。ミニカーや鉄道模型など、アイテムが増えやすく重くなりがちなおもちゃは、遊ぶエリアのすぐ脇の、いちばんいい場所にケースを置くとよいでしょう。遊びたいと

おもちゃ収納の基本形

大きい
おもちゃは
置くだけ
引き出さなくても
中身が見える

きにすぐに出せるし、戻しやすさも両立できます。

子ども用に設計されたおもちゃ収納も必要ありません。子ども用のものは小さすぎて、おもちゃがあふれてしまうことが多いのです。新規で収納を用意するなら、カラーボックスで事足ります。

というより、むしろカラーボックスはおもちゃ収納にもってこいなのです。ふたつのカラーボックスを用意し、ひとつを横に倒し、もうひとつは立てます。このL字のレイアウトが基本です。

次に用意するのが細かいおもちゃを入れるカゴです。フタがあると邪魔なので、フタなしのモノがおすすめ。カゴの高さは、収納スペースの半分くらいが目安です。カゴの上部にたっぷり余白があると、そのまま手を突っ込んでおもちゃの出し入れができます。私が現場でよく使うのは、無印良品の

「やわらかポリエチレンケース・大」。奥行きがあるので手前側がカラーボックスから少しはみ出すのですが、はみ出た部分をのぞき込めば中身が一目瞭然なので、かえって便利です。

大きなおもちゃは「置くだけ」にする

人形用のハウスや、ミニカー用の立体駐車場など、大きくてパーツの多いおもちゃを、いちいちバラしてしまうのはめんどくさすぎます。

このようなおもちゃは、棚の上に「置くだけ」がいちばんラク。すぐに遊びをスタートして、そのまま終わりにできます。

「マイブーム」を後押しする

好きなものが集まった場所は誰でもテンションが上がるものですが、マイブームのおもちゃだけを集めたコーナーをつくると、お子さんの目の色が変わります。

おままごとキッチンの周りに関連のおもちゃを集めた「おままごとコーナー」、おもちゃの鏡台の周りにアクセサリーやお人形などを集めた「おしゃれコーナー」、剣や変身ベルトなどを集めた「ヒーローコーナー」など、お子さんがハマっている遊びに特化したコーナーをつくってみてください。

片づけ後に依頼者さまから「ずっとあのコーナーで遊んでます！」といった報告をいただくことも多いです。

同じ遊びのおもちゃをまとめることで、遊ぶ範囲が限定され、散らかりにくくもなります。子どもが今まで見たことがないくらい集中して遊ぶ姿は、親御さんにとって新鮮で、とてもうれしいもののはずです。

工作が好きな子には「アトリエ」を用意する

折り紙や粘土、塗り絵など、工作で使うアイテムはひとつひとつが細かく、ずっと増えていくので、おもちゃと分けてしまうほうが管理しやすいです。

お子さんが好む遊びのタイプは、大きく「おもちゃタイプ」と「工作タイプ」に分かれます。**紙や毛糸を切り貼りしたり粘土細工をつくったりと、とくに工作が好きなお子さん（大体4割くらいいらっしゃいます）には、クリエイティビティーを思いっきり発揮できる「アトリエ」をつくってあげるのがとてもおすすめ。**

アトリエは、子どもがよく工作をしている場所につくります。ダイニングテーブルで作業していることが多い場合、食事のたびに片づけるのが大変なら、キッズ用のミニデスクを用意してあげてもよいでしょう。作業スペースの周りによく使う工作アイテムをまとめてあげるだけで、そこはもうアトリエ。

「書く、塗る、切る、貼るための文具」と「折り紙や画用紙、モール、シールなどの素材」でざっくり分けて収納し、小さいうちは大人が必要に応じて出してあげましょう。大きくなってきたら、自分で管理するしくみに切り替えます。

アトリエができるとお子さんが喜ぶことが多く、創作意欲もさらに増すようです。

知育玩具は押しつけがましくしない

親の「使ってほしい、遊んでほしい」という思惑と、子どもの興味は残念ながらあまり一致しません。知育玩具は、とくにそのすれ違いが多いと感じます。いろんなお家で見かけるわりに持て余されがちなのが、定期的に届くタイプの英語の知育教材。ハマる子はハマるのですが、そうならなかった場合、どんどん増えていくのでコントロールしないとあふれて収拾がつかなくなります。

興味をもってもらうには、量より質です。表に出すのは「ケース１つぶん」くらいに限定し、それ以外は別の場所に引っ込めます。量が限定され、ラインナップが見やすくなったほうが、お子さんが反応するものを見つけやすいはずです。

おもちゃは「封印」せず、寝かせる

おもちゃは子どもの成長に合わせてどんどん更新されていくものです。そのつど封印していくとすごい量になってしまうので「迷うモノ」に分けたおもちゃの「封印」は行いません。

ただし、使わなくなったモノを即手放せるかというと、それは難しいもの。私がいつもご提案するのは、おもちゃを2種類に分け、期間限定で保管するやり方です。

●冷却期間のおもちゃ

子どもがもう遊ばなくなったものの「あれどこ？」と聞かれる可能性がゼロではないものは、箱に詰めて保管し、様子を見ます。**2か月寝かせて思い出さなければ、その後思い出す可能性はかなり低いので、手放す判断をしていいと思います。**

●バトンタッチ待ちのおもちゃ

きょうだい間でお下がりにするために保管したいおもちゃや絵本は、時が来るまで寝かせます。

ただし、寝かせる前におもちゃを見直し、状態のいいアイテムだけに絞ってください。人からゆずってもらったりして、意外とおもちゃは勝手に増えます。なので、ある程度アイテムを絞り、いいものだけを残しましょう。

分類が終わったおもちゃは、段ボールや紙袋などにまとめます。ここでポイントがひとつ。**必ず、中身がわからないようにしてほしいのです。**透明なケースや袋は使わず、外側に「おもちゃ」とラベルを貼るのも避けましょう。

中身がおもちゃだとわかると、お子さんに「出して！」とねだられてしまい、寝かせている意味がなくなってしまいます。ラベルをつけるなら「3歳ごろ」など大人だけがわかる言葉選びを。

保管する場所はどこでもいいですが、お子さんの手が届かない位置で、かつ大人が忘れ去らないところにしてください。

ストック品の扱い方

ストック品は「ここを見れば在庫がわかる」ようにする

ストック品は家のあちこちに分散していることが多いですが、在庫がわかりにくいと買い忘れや買いすぎにつながります。

この問題は、カテゴリごとに在庫をまとめ「ストックはぜんぶここにある」という状態にすると解決します。

「食べ物・飲み物」をまとめる

キッチンに置ききれない「食べ物・飲み物」は、忘れていると賞味期限が切れてしまうので、在庫をまとめる優先順位がもっとも高いです。

具体的には、箱買いする飲み物や、場所を取るお米、非常用の備蓄食品、お中元やお歳暮でいただいた常温保存の食べ物、「ふるさと納税」の返礼品の食べ物など。まとめる場所は空き部屋でも納戸でもいいですが、食べ物・飲み物は重いモノが多いので、玄関からの移動距離が短い場所を選びましょう。

食品のストックが多い家では、ストック置き場としてメタルラックを設置することもあります。おすすめすることが多いのは、幅60〜90センチ、奥行き45センチ、高さはたっぷり180センチくらいのタイプ。高さを有効活用できると、収納力がぐんと上がります。

「紙類」は高い場所にまとめる

キッチンペーパーやトイレットペーパー、ティッシュペーパー、ウエットティッシュ、おむつ、おしりふきなど紙製の日用品は、収納の高い位置に入れるのがおすすめ。軽いので取り出すストレスも少ないし、万が一落ちてもケガしません。

詰め替え品のストックは「肌につける」か「肌につけない」かで分ける

洗面所には、洗剤から化粧品まで、さまざまなストック品があると思います。細かいですが、ぜひ実践していただきたいのが、詰め替え用のパックを「肌につけるモノ」と「肌につけないモノ」で分けること。ケースを分けるか、少しだけ距離をとって混ざらないようにするだけでもかまいません。

「肌につけるモノ」は、シャンプーやハンドソープなど。「肌につけないモノ」は、洗濯用洗剤や柔軟剤、掃除用洗剤などです。

これらをなぜ分けてほしいかというと、目的がまったく違うのに似たようなパッケージで、見分けがつきにくいから。分けることで「ボディソープの詰め替えパックがあると思っていたら、柔軟剤だった」といった事態が避けられます。

第6章

家族みんなの「めんどくさい」をなくす

片づけが終わって「めんどくさい」がなくなったクマ家。
でも、小さい不満もあるようで……

あれっ ガムテープって どこに しまったっけ?
なんで私に全部 聞くわけ?!
気付いたら 私ばっかり 片づけしてる
すぐゴロゴロ するし……
ハハハハ
ポテチ
なんか ズルくない?!
家族に対して ストレスを ためない方法は あるのでしょうか?

つづく

家族が勝手に片づけられる状態を目指そう

「片づけの責任者」を降りる

家族に対して「片づけて！」「出しっぱなしにしないで！」と注意したり、「あれはどこ？」「これ出して」なんて聞かれたりするのって、すごくめんどうですよね。

日常的にこういった対応をしているならば、それは片づけの全責任があなたにのしかかり、「片づけの責任者」になっている状態です。

あなたが家族のぶんの「めんどくさい」を肩代わりしたままでは、ストレスがたまるし疲れます。

今すぐ、背負いこんでいる責任を手放し、家族のみんなでそれを分担してもらいましょう。

でも、「責任をもって片づけて！」と頼んだだけでは、なかなかうまくはいきません。目指すべきは、あなたが何も言わずとも、家族が勝手に片づけられる状態。

そうなるためには、家族の行動を変えるしくみづくりが必要です。

そもそも、第5章までの「めんどくさいをなくす」片づけを実践すれば、家族の行動は少なからず変わるはず。もしあまり変わっていないのであれば、家族にとっての「めんどくさい」が解消されていないのかもしれません。

この章では、あなたが「片づけの責任者」を降りるための方法を、くわしくお話しします。

ラベリングで人はコントロールできない

家族にモノの場所を把握してもらうために、分類をラベルに書いて貼り付ける「ラベリング」を実践している家は多いです。でも、わたしはラベリングに人を動かすほどの力はないと感じています。モノのありかがだいたいわかっている人に「リマインド」することはできても、ゼロからそこに導くというのは相当難しいです。

実は、文字情報というのは意識しないとあまり目に入ってきません。

広いドラッグストアでシャンプー売り場を探すとき、あなたは真っ先に案内板をチェックするでしょうか？　もちろんそういう方もいるでしょうが、周囲を見回して「ボディソープがここにあるから、近くにシャンプーもあるだろう」と見当をつける方の方が多いように思います。案内板は、あくまで補助的な役割にすぎません。

家族の「めんどくさい」レベルにしくみを合わせる

ラベリングと同じく「声かけ」も、期待しているほどは人の行動を変えません。

たとえば、家族に「歯磨きが終わったら、コップを洗面所のフックにかけてね」と声をかけたとします。あなたにとっては「フックにかけるだけだからラク」と思えることでも、家族にとってはそれが「めんどくさい」こともあります。その場合、何度言ってもコップはフックにかけてもらえません。

かけるのが苦にならない人もいれば、どうしてもめんどくさい人もいる。この家族間の「めんどくさいギャップ」が「どうしてやってくれないの？」というモヤモヤを生み出すのです。

何を「めんどくさい」と感じるかは、人によって違います。それは生まれもった個性のようなもので、ラベリングや声かけではなかなか変えられません。

だから「めんどくさいギャップ」を感じたら、その人が実行できるレベルまでしくみの難易度を下げてみてください。「フックにかける」のが無理な人でも、「決まった場所に置く」のならできることもあります。

完璧な家には代償がある

もしあなたが「片づいているのが正しい状態」「片づいてないとダメ」と感じているなら、その前提は厳しすぎるかもしれません。自分が許せる範囲を少しだけ広げられると、家族とのギャップはさらに減ります。

見た目が完璧なモデルルームのような家は、たいてい厳しいルールが必要で、家族がついてこられません。

それでもそこを目指すのであれば、覚悟が必要です。家族が戻しきれなかったモノは自分がすべて戻すと決めるのです。理想を求めながら家族にも付き合うことを強制すると、いずれどちらも苦しくなります。

「自分の思う完璧な家にしたい」と頑張りすぎ、責任を背負いこみすぎて限界を迎えた方を私は何人も見てきました。それはとても残念なことです。

第1章で申し上げたように、家は家族の「安全基地」です。**あなたひとりが頑張ることなく、家族のそれぞれが責任をもって家を運営していけば、居心地も家族関係も今よりさらにいいものになると思います。**

歩み寄るのは、自分のため

家族のレベルに合わせたしくみにしましょう、と言うと「なんで相手ばかり居心地よくさせないといけないの？」「なんで自分だけがそこまでやらないといけないの？」と不満に思う方がいるかもしれません。

たしかに、こちら側だけが心をくだくのは不公平にも思えます。

でも、家族が片づけやすいしくみをつくるのは、家族に奉仕するためではありません。むしろ「家族に責任を持たせる」ためにやることなのです。

家族のレベルに合わせたしくみができると、家族は誰に指示されることもなく自分でその場を回せるようになります。するとその場所の「片づけの責任者」のポジションは、あなたから家族に移ります。

そうやって家のあちこちで少しずつ「片づけの責任」を家族へ移していけば、あなたの負担はすごく軽くなります。

家族に「最終決定権」を委ねる

家族に片づけの責任をもってもらうには、「分ける作業」と「しまう作業」の最終決定を自分でしてもらうのがポイントです。

「分ける作業」をひとりでやってもらうのが無理なら、一緒にやればＯＫ。それも難しければ「今使うモノ」を選んでもらうところから始めても大丈夫です。その際「捨てて」と声をかけるとつらくなる人が多いので、それだけは禁句です。

「しまう作業」も、基本はあなたがリードしてもかまいません。ただ、一部でもいいので、戻す方法を自分で決めてもらうのがコツです。「脱いだジャケットはクローゼットに戻すか、リビングに置き場をつくるか、どっちがいい？」という具合に、選択肢を絞って選んでもらうと決定しやすく、こちらもイライラしません。

人間は自分で決めたことに対しては「守ろう」という責任を感じやすいので、モノを戻す確度がぐんと上がります。

家族が戻し方を決めた場所では、戻すタイミングも相手に委ねましょう。

たとえば「お風呂に入る前にコートをしまうよ」と本人が決めたのであれば、それまで文句を言うのはぐっとがまん。決めたことを自分の意志で実行するうちに、それが習慣になっていくのです。

「やるじゃん」と思えたら、成功です

家族が自分で自分のモノを管理できるようになると、関係性が変わります。

今までしていたフォローが必要なくなり、家族に対して「やればできるじゃん！」と見直す気持ちが生まれます。「言わなきゃやってくれない」という諦めが、「今は忙しそうだけど、あとでやってくれるはず」という信頼に変わるのです。

さらに、家族全員が「自分で自分のことをちゃんとやっている」状態になれば、関係性は上から押さえつけるものではなく、フラットなものに変わります。家族の関係がおだやかなものになると、外での行動も変わりますし、長い目で見ればきっと人生も変わります。

日常のなかで見過ごされる「めんどくさい」をなくし、あなたも家族も無理なく片づけられる最適な暮らしを見つけましょう。

これは、クマ家が幸せになるお話

片づけが終わって3か月。クマ家には大きな変化がありました

変化 1　家族がそれぞれ自分のモノを管理できるようになった！

クマ家の幸せは、これからもずっと、続くはずです

変化 2　家事の効率がよくなった

変化 3　家族の関係までよくなった！

めでたし、めでたし

おわりに

ここまでお読みいただき、まことにありがとうございました。

「自分の生活は、こんなにたくさんの〝めんどくさい〟に邪魔されていたのか！」と、気付いていただけたでしょうか。

「めんどくさい」のアンテナが磨かれることで、お部屋の問題が解決したり、家族関係を変えるきっかけになったりすれば、とてもうれしく思います。

「めんどくさいをなくす」という私のメソッドは、数多《あまた》の片づけメソッドのなかでも王道ではありません。片づけでいちばんしんどい「モノを捨てる」という意思決定を先送りして、「今の生活の快適さ」をとにかく優先させる、ちょっと邪道なやり方です。

そんな邪道な方法を堂々とご紹介していいものか、実は葛藤もありました。

それでも本を書こうと思ったのは、過去のモノにとらわれたり、未来のことを気にしすぎたりして、身動きがとれなくなっている方をたくさん見てきたからです。そもそも、片づけは人生を豊かにするために行うもの。片づけのせいでストレスがたまっては本末転倒です。

だから、片づけが苦手な人にこそ、この方法を知ってほしいと思いました。王道だとか邪道だとか、そんなことはどうだっていいのです。

私が普段片づけの現場でやっていることを、どなたにも当てはまるようにまとめていくのは、簡単ではありませんでした。でも、時間をかけて言葉を選びぬいたことで、メソッドがよりシンプルになり、多くの方に届く形になったのではないかなと思います。

丁寧に時間をかけてこの本を編集してくださったダイヤモンド社の金井さん、執筆にご協力いただいた杉本さんに感謝申し上げます。

撮影にご協力いただいた古賀さんをはじめ、この本の制作に携わってくださったみなさん、本当にありがとうございました。いつもあたたかく見守ってくれるタスカジ事務局や、タスカジコミュニティの仲間の支えも、なくてはならないものでした。

最愛の夫にも感謝を捧げます。言葉選びに迷っているとき、ハッとする助言をくれました。

この本がきっかけで、みなさんの人生から「めんどくさい」がなくなることを、心から願います。

「めんどくさい」のアンテナを、これからも一緒に磨いていきましょう。

家族の片づけコンサルタント　sea《しー》

［著者］
家族の片づけコンサルタント
sea（しー）
大学卒業後に始めた家事代行サービスの仕事にどっぷりはまり、20年以上にわたって個人宅の片づけや掃除を行ってきた。
いままでに片づけた家は6000軒以上。家事代行マッチングサービス「タスカジ（https://taskaji.jp）」では「seaさんが片づけてくれると、なぜか家族の仲までよくなる」と口コミで評判になり、「予約の取れない家政婦」と呼ばれるようになった。
メディア出演や執筆、片づけ講座の企画・開発など幅広く活動を行う。著書に『タスカジseaさんの「リセット5分」の収納術』（主婦と生活社）がある。

家じゅうの「めんどくさい」をなくす。
――いちばんシンプルな「片づけ」のルール

2021年12月14日　第1刷発行
2022年8月25日　第4刷発行

著　者――sea
発行所――ダイヤモンド社
〒150-8409　東京都渋谷区神宮前6-12-17
https://www.diamond.co.jp/
電話／03・5778・7233（編集）　03・5778・7240（販売）

カバーデザイン――渡邊民人（TYPEFACE）
本文デザイン・DTP――清水真理子（TYPEFACE）
撮影――砂原文
イラスト――yukke
校正――内田翔
撮影協力――古賀陽子
協力――株式会社タスカジ、粟田あや（株式会社アイクリエイト）
製作進行――ダイヤモンド・グラフィック社
印刷――勇進印刷
製本――ブックアート
構成――杉本透子
編集担当――金井弓子（kanai@diamond.co.jp）

ISBN 978-4-478-11069-0
落丁・乱丁本はお手数ですが小社営業局宛にお送りください。送料小社負担にてお取替えいたします。但し、古書店で購入されたものについてはお取替えできません。